淘宝天猫京东拼多多抖音快手

直播营销
一本通

孔林德

编著

© 民主与建设出版社，2020

图书在版编目（CIP）数据

淘宝、天猫、京东、拼多多、抖音、快手直播营销一本通 / 孔林德编著 . — 北京：民主与建设出版社，2021.3

ISBN 978-7-5139-3378-0

Ⅰ . ①淘… Ⅱ . ①孔… Ⅲ . ①网络营销 Ⅳ . ① F713.365.2

中国版本图书馆 CIP 数据核字 (2021) 第 029022 号

淘宝、天猫、京东、拼多多、抖音、快手直播营销一本通
TAOBAO TIANMAO JINGDONG PINDUODUO DOUYIN KUAISHOU ZHIBO
YINGXIAO YIBENTONG

编　　著	孔林德
责任编辑	胡　萍
装帧设计	尧丽设计
出版发行	民主与建设出版社有限责任公司
电　　话	（010）59417747　59419778
社　　址	北京市海淀区西三环中路 10 号望海楼 E 座 7 层
邮　　编	100142
印　　刷	衡水泰源印刷有限公司
版　　次	2021 年 3 月第 1 版
印　　次	2021 年 3 月第 1 次印刷
开　　本	710mm×1000mm　1/16
印　　张	14.5
字　　数	200 千字
书　　号	ISBN 978-7-5139-3378-0
定　　价	42.00 元

注：如有印、装质量问题，请与出版社联系。

直播带货有多火？看看下面这组数据就知道了。《2019年淘宝直播生态发展趋势报告》显示，2019年天猫"双11"期间，淘宝直播带来的成交额接近200亿元，10多个直播间引导成交过亿元；李佳琦2019年的盈利能力超过了A股1000家上市公司；2019年"双11"，薇娅一天的带货金额超过27亿元；2019年"6·18"期间，快手"散打哥"24小时直播带货超过1亿元……

2020年，新冠肺炎疫情的暴发，让线下经济受到了沉重打击，却给线上经济再添动力，直播带货呈现火爆之势。一时之间，似乎所有人都在谈论直播，直播电商的时代来临了。人们坚信不疑，直播电商将会成为未来电商的又一个风口！

直播带货是面向大众的商机，也是一个改变现状的机会。直播的火热局面并非突然出现的，而是一场酝酿了很久的商业潮流，这背后的根本原因，是社会生产力发展到一定阶段的必然产物，畅通的网络、便利的支付方式，以及飞速发展的物流运输，再加上直播本身的独特魅力，都是其中必不可少的组成部分。

在时代潮流的大趋势前，没有人能够超然物外。许多人赶上了行业的风口，从寂寂无闻的普通人，一跃成为极受欢迎的带货主播。企业家们也不甘寂寞，从幕后走向台前，为自家产品代言。疫情期间，更有地方官员化身主播亲自上阵，向观众推荐本地区的土特产等。各方人士的加入，让直播带货备受瞩目，一时间掀起了全民直播带货的热潮。

直播电商主要有两种方式。一种是电商平台+直播，例如淘宝直播、天猫直播、京东直播、拼多多直播、网易考拉直播、蘑菇街直播等，他们原本就是电商行业从业者，通过开设直播平台来吸引内容创作者。另一种是内容平台+直播，如抖音直播、快手直播、YY直播等都属于此类，这些平台以前并没有接触过电商领域，但在直播带货的模式出现以后，也开始利用自身流量等优势涉足电商领域，他们通常与第三方电商平台合作，或者开发自家平台的电商服务。

本书挑选了其中最具代表性的几大直播平台，如淘宝、天猫、京东、拼多多、抖音、快手，对各个直播平台的特点分别予以解读，从硬件准备、注册账号，到直播录制，再到吸粉引流，为您一一讲解直播中的诸多细节。

目录
Contents

上篇　直播平台攻略

下篇　直播实战技巧

上篇　直播平台攻略

第一章　初识直播，进入电商营销新路径

　　直播带货是一种崭新的营销模式，人们可以通过视频平台进行现场直播卖货。直播带货的出现，对于很多企业来说，就是一次难得的红利。目前，淘宝、京东、拼多多、快手、抖音等企业已经在直播带货方面进行了投入，开始大举进军该领域，不断尝试直播带货的新玩法。

　　直播带货具有它的独特性，未来将会成为电商玩家的标配。如果想要成为一名带货主播，现在就可以着手准备了，入场的时机越早，就越有机会成功。

直播——开启电商营销新时代

直播营销是一种新型营销模式，它以直播平台为载体，将社交、直播、电商等功能结合在一起，实现了传统销售系统的转变，获得品牌知名度和产品销量的双提升。培养用户产生新的购买习惯是直播营销的核心价值，未来它将成为电商的标配。

电商直播开启了新时代

近年来，直播带货成了一个火遍全网的新词，根据光大证券的测算，直播电商在短短几年内就实现了电视购物 10 倍以上的行业规模，2019 年的总规模达到 4300 亿元，预计 2020 年将达到 10000 亿元的市场规模。任何一个万亿市场规模的领域，都会吸引众多平台参与其中。

随着电商产业的蓬勃发展，用户的消费习惯也在不断发生变化，他们对电商的营销模式提出了更高的要求。传统的电商营销模式，主要是由文字广告和产品图片构成的，存在着明显的缺点。尽管商家努力找出产品的特点，并且将它们展示给消费者，但是消费者仍然无法对产品的很多细节产生直观的感受，这成为制约电商发展的一个重要原因。相比之下，线下的实体店却能够完美地解决这个问题，因为消费者可以在实体店与产品进行零距离接触。

直播带货的出现，在一定程度上解决了传统电商营销的固有缺点。经验丰富的主播凭借自己的经验和见解，找到产品最能打动人心的卖点，然后用简单直白的方式告诉消费者，于是很多消费者开始了"边看边买"的生活。对于消费者来说，既能看商品，又能听讲解，还能得到不少知识，再加上优惠券和红包的诱惑，很容易做出下单的决定。

直播的市场潜力是巨大的，直播自出现以来，就吸引了极高的流量，并且迅速成为一种崭新的营销模式。淘宝直播官方数据显示，2019 年"双 11"开场 1 小时 03 分，直播引导的成交额就超过了 2018 年"双 11"全天；8 小时 55 分，淘宝直播引导的成交额已破 100 亿元。超过 50% 的商家都通过直播使成交额获得新增长。在家装和消费电子等行业，直播引导的成交额同比增长均超过 400%。其中一些"头部主播"的带货能力甚至超过了一线明星。可以毫不夸张地说，直播营销开启了一个崭新的时代。

排行	主播	常用标签	热度指数 ⌄	观看次数 ⌄	观看人数 ⌄	粉丝数 ⌄	点赞数 ⌄
🏆	薇娅viya	每日上新	10.964	5.43亿	0.92亿	0.21亿	4.03亿
🏆	李佳琦Austin	化妆教程	10.93	3.20亿	0.85亿	0.25亿	5.96亿
🏆	烈儿宝贝	每日上新	10.305	0.77亿	0.20亿	404.69万	0.51亿
4	雪梨_Cherie	每日上新	10.282	1.07亿	0.19亿	0.14亿	3.96亿
5	大晶ada	产地好货	10.239	0.19亿	0.17亿	53.86万	167.86万
6	小鹿小BABY	产地好货	10.208	0.19亿	0.16亿	59.96万	336.96万
7	陈洁kiki	每日上新	10.136	0.59亿	0.14亿	299.64万	0.71亿
8	安安anan	小个穿搭	10.074	0.19亿	0.12亿	457.03万	426.74万
9	演员时璇	营养滋补	10.044	0.24亿	0.11亿	51.08万	0.12亿
10	金玲chloe	每日上新	10.027	0.12亿	0.11亿	31.01万	235.42万

数据来源：直播眼。

图 1-1　达人主播 TOP 榜

在新冠肺炎疫情期间，直播带货迎来了大爆发，除了人们耳熟能详的TOP主播以外，还有很多知名人物也纷纷加入直播的战场，其中就包括初代网红罗永浩，以及众多知名品牌的CEO。

鉴于直播市场呈现火热态势，电商需要考虑的已经不是要不要做直播，而是怎样做、何时做，趁着直播市场的火热，尽快抢占流量，避免被同行淘汰。

网红＋电商＋直播的营销模式

一个有影响力的网红在直播平台上推广电商的产品，这是直播带货的主要形式。美国著名杂志主编凯文·凯利曾在《技术力量》一书中，提出过1000名铁杆粉丝经济的理论。他认为，只要一个人拥有1000名铁杆粉丝，就能轻松变现，从此谋生。直播营销就是通过培养忠实粉丝进行变现的。

网红主播通常有大量的粉丝群体，能够带来很高的流量。对于网络营销而言，流量就是生命。因此，网红直播带货往往能够取得不俗的效果，从而受到众多商家的青睐。这种营销模式的自由度很高，商家可以充分发挥直播平台的互动特性，通过线上的实时互动，为消费者提供更好的体验。

在这套模式中，有三个关键点：一是网红的个人能力，需要进行个人品牌的包装和营销，扩大个人影响力；二是商家能够提供高品质、反应快的供应链服务，确保整个销售过程不出差错；三是直播平台的服务质量，直播平台需要提供技术支持，来确保直播活动的正常进行。这三点是构成直播营销的"铁三角"，要想开启直播营销之路，可以从这三个角度着手。

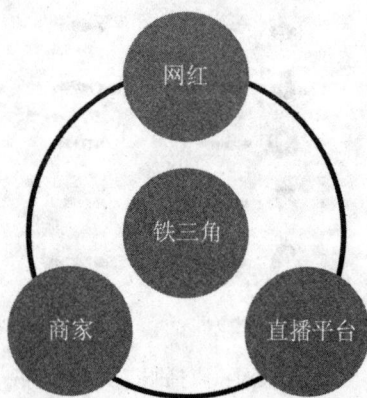

图1-2 直播营销"铁三角"

最近几年，直播营销行业呈现出蓬勃发展的态势，众多直播平台不断涌现，各大电商平台也相继加入这场直播盛宴中，例如淘宝直播、京东直播、拼多多直播、抖音直播、快手直播等。与此同时，众多网络红人和商家也抓住了机会，搭上了直播经济的快车。

直播营销的去中心化效应

在高速增长的直播带货中，直播经济展现出鲜明的去中心化的特点。移动互联网天生具有去中心化的特质，它会产生撕裂和碎片化的效果，不会出现一个固定的中心化的巨头。而且从现在的形势来看，直播经济是一个蛋糕越做越大的过程，短期内不会形成一家独大的格局。去中心化的意思并非没有中心，而是会形成很多个相对独立的小中心。

2020年初，新冠肺炎疫情的暴发使传统行业受到了沉重的打击，却给直播经济带来了机遇。从相关数据看，直播推动了零售业的高质量发展。淘宝公布的数据显示，仅在2020年3月这一个月的时间内，淘宝直播为商家带来的成交订单数同比增长超过160%，同时新开播的商家数量同比增长近3倍，直播场次同比增长190%。参与直播的也不仅仅是专业的电商主播，而是呈现出百花齐放的态势，头部主播和新手主播同台竞技，甚至连很多地方政府官员也加入了直播的大军，亲自为当地的土特产带货。

淘宝直播由于布局较早，外加拥有强大的供应链体系，建立了成熟的直播带货营销体系，并且培养出很多优秀的带货主播。除此之外，还有京东直播、拼多多直播、抖音直播、快手直播、蘑菇街直播等多个直播平台，使得直播市场呈现出一种"一超多强"的局面，也在一定程度上加强了去中心化效应。

另外，直播的流量分布也有去中心化的趋势，各个地区开始出现具有本地特色的主播，虽然他们的流量没有头部主播那么大，但是由于他们的直播内容更加贴近本地文化，他们更了解本地居民的需求，而且物流和售后更方便，因此很受本地消费者的喜爱。

总之，在移动互联网高速发展的时代，直播为电商营销带来了新的潮流，以往的营销格局将被打破，一些落后的营销方式将逐渐走向衰落，取而代之的将会是崭新的订阅式直播营销。

直播电商进入高速发展阶段

中国电商直播最早可以追溯到 2016 年，在这将近五年的时间里，电商直播经历了初创期、发展期、成熟期、爆发期等过程。随着互联网技术的发展，以直播带货为代表的电商模式，将会给消费者带来更丰富的购物体验。

2016 年，直播行业正处于火热状态，游戏直播、秀场直播、生活直播、吃播等众多直播种类纷纷涌现。此时，电商也赶上了直播的风口。当时的电商直播模式很简单，就是简单地展示一下衣服。蘑菇街是早期吃螃蟹的平台之一，敏锐的嗅觉让他们将着眼点放在了流量变现上。很快，一直播、映客直播等平台也纷纷入场。

由于种种原因，一些平台迟迟没能找到适合自己的变现方式，而市场已经趋于饱和，于是直播的风口很快就过去了，电商直播也跟着陷入了低潮。这时电商直播开始收拢资源，走向精细化、市场化。MCN 机构（内容创作机构）、达人主播、电商供应链、直播平台等角色一一出现，并且更加专业。这是电商直播的第二阶段。

随着专业化程度的提高，以及长时间的积累，电商直播终于迎来了爆发期，各大电商平台也开始重新关注直播，并且进行产业链上下游资源的整合。在无形之中，这些平台也形成了竞争的关系，而且竞争日趋激烈，直播电商面临行业洗牌。这是电商直播的第三个阶段。

在第四阶段，群雄割据的局面将会结束，实力最强大的几家电商可能会形成均衡局面，那时的直播电商将会使行业体系产生巨大的变化。

第一阶段
直播行业处于火热状态，
电商赶上了直播的风口。

第三阶段
电商直播迎来爆发期，各大平台加入，
进行产业链上下游资源的整合。

| 2016年 | 2017年 | 2018—2019年 | 2020年以后 |

第二阶段
直播的风口很快过去，电商
直播也跟着陷入了低潮。

第四阶段
群雄割据的局面将会结束，
实力最强大的几家电商可能
会形成均衡局面。

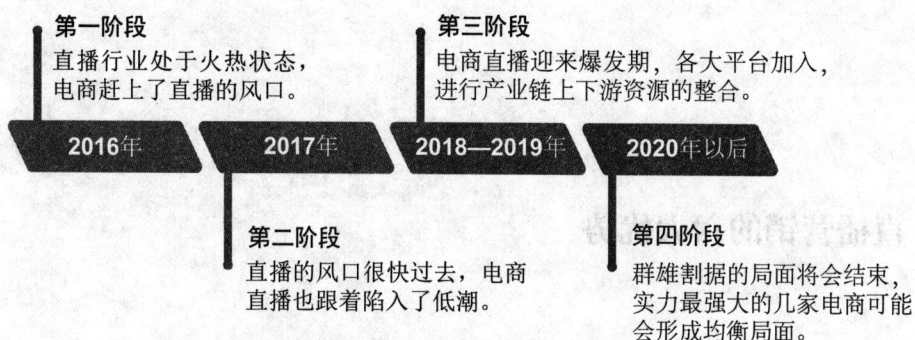

图 1-3　电商直播的四个发展阶段

直播营销的六大优势

在传统的营销活动中，商家主要通过户外广告、电视广告、线下活动、推销员上门等方式进行传播。直播营销出现之后，很快便凭借直观、实时性强等特点迅速走红。作为一种崭新的营销方式，直播营销具有许多独特的优势。商家可以用更低的营销成本，获得更快捷的营销覆盖，并且可以在第一时间收到客户的反馈，极大地提升营销效果。

现场直播具有更强的说服力

以前消费者在电商网站搜索产品，总是会或多或少地感到一种隔阂，他们虽然能够看到产品的尺寸、材质、颜色等相关信息，但是这些信息仍然不足以全面反映出产品的各项细节，容易出现失真效应。只有等到快递送到以后，消费者才能知道产品是否适合自己。如果对产品不满意，就只能选择退货了。

相比之下，直播营销对产品的展现更加全面，主播在试吃、试玩、试用的过程中，把产品的各项细节一一呈现在观众面前，因此具有更强的说服力。例如，一些专门从事海外代购的人，为了打消客户的疑虑，选择在海外的商场购物时进行现场直播，将整个购物过程都展现在客户面前，以表明自己童叟无欺。

如果主播是资深从业者，就可以凭借专业性强的特点，迅速建立营销优势，在消费者群体中传播自己的影响力。

和传统的电商营销模式相比，直播营销更容易打动消费者，让他们下单购买，而且退货的可能性也更低。因此可以说直播营销具有更强的说服力。直播与电商的深度结合，为产品营销开辟出了一条新的道路，不用再像以前一样铺设繁重的销售渠道，使电子商务迎来了新的发展契机。

用更低的成本实现营销覆盖

传统广告的营销成本高昂，无论是硕大的楼宇广告，还是精美的电视广告，都需要花费很大一笔资金，这对中小型商家和希望从事带货行业的自媒体主播十分不友好。而直播营销为他们提供了一个全新的平台。直播营销对场地、物料等需求较少，是目前成本较低的营销形式之一。

例如，2016 年 5 月 25 日，小米公司也赶上了直播的热潮，总经理雷军亲自在办公室里做起了直播。他没有租借商务酒店、布置大型会场、邀请众多新闻媒体等，只是使用了几部手机，就完成了一场线上直播，吸引了很多数码爱好者的关注。

综合来看，目前直播营销的竞争相对较小，门槛非常低。作为一个初入行的新人，你只需要一部手机，就可以开启直播生涯。而且从平台端来看，直播营销的浮现权和排名也比较公平，营造出适合直播行业快速发展的环境。

不过，这并不意味着直播不需要成本，事实上，随着直播人数的增加，竞争会日趋激烈，直播的成本也会逐渐提高。例如配备更好的直播设备，设置更高的折扣和优惠，在多个平台进行宣传，寻找更热门的网红主播等，都会导致成本增多。

实时互动，及时了解客户的需求

在以往的营销模式下，厂商和用户之间的距离很远，中间隔着经销商和销售等多个环节，往往需要经过很长时间才能收集到用户的反馈，这显然是不利于经营的。

实时互动是直播营销的一个特点。通过浏览观众在直播过程中发送的留言和弹幕，厂商可以准确地捕捉到观众的心理变化，因此和传统营销模式相比，直播具有很强的优势。

传播及营销更快捷

在电商营销中，留悬念、曝卖点是非常重要的，尤其是在互联网企业里，一个恰到好处的爆点可以帮助商家迅速登上头条，成为所有人关注的焦点。这离不开便捷高效的网络及受众广泛的应用软件。直播技术的成熟，以及众多直播平台的涌现，为营销提供了新的可能。

现在很多公司在发布新品的时候，都会精心准备一场发布会，前期努力宣传造势，给大家制造悬念，让观众产生期待感。等到发布会开始之前，观众的情绪已经被充分调动起来，此时发布会上的任何一条信息，都会获得极高的传播度。

现在的直播和上面的模式也很相似，虽然电商直播不是新品发布会，主播们带的货也大都是人们已经知道的产品，但是在直播开启之前，主播们还是会预先发布信息，充分造势，博得关注的热度。例如，罗永浩在加入抖音直播之前，就在网上发布了相关信息，引起了很多人的讨论，再加上抖音官方的支持，他首次直播就获得了极高的热度。

另外，直播是以视频的形式呈现出来的，轻松有趣的表现形式，非常适合进行改编和加工，形成二次传播。

可以预见的是，随着通信技术的进步，直播的受众群体将会越来越广，直播带货如今已经成为大势所趋，电商的发展也将会迎来第二春。

增强用户的参与感

直播营销贴近用户习惯，是一个新的热门产业，已经成为很多人的共识。就连中央电视台主持人朱广权也亲自下场，与当红主播李佳琦进行合作，两个人一同出现在直播间内，被网友戏称为"小朱佩琦"。

在观看直播的过程中，主播会使用各种方式，让消费者能够充分享受参与其中的乐趣，例如做出标志性的动作、讲幽默笑话、发放优惠券等。这只是直播行业的一个缩影，它反映出直播在很大程度上满足了用户边看边买的习惯，将娱乐、社交及电商结合在了一起，让用户有了更多的乐趣，以及更多的参与感。

一些商家还会向用户直播展示产品制造和销售的过程，以此强化用户对企业文化的感知能力，用户对品牌的理念和生产细节也会更为了解，与企业的距离也更近了。

在快消时代，社群营销是一种非常重要的手段，它可以帮助企业在用户心中建立品牌情感，让用户变成品牌的粉丝，例如喜欢苹果公司的被称作"果粉"，喜欢小米的被称作"米粉"，喜欢华为的被称作"花粉"。借助直播技术，商家的社群营销就更方便了。

降低消费者的决策成本

当消费者在网上购物时，他们往往会在搜索框中直接输入产品的关键词，然后浏览筛选出来的结果，一一进行挑选。例如，在淘宝网上搜索"茶杯"，会得到无数条结果，如图 1-4 所示。

可以看到，搜索结果已经超出了 100 个页面，消费者是不可能将这么多产品都浏览一遍的。同类产品的功能特性相差不大，图文描述又十分相似，这让很多人出现了选择困难症。

相比之下，直播营销在很大程度上避免了选择困难症的出现，主播会在很短的时间内，用最朴实的话语，把产品的特征、用途、使用场景、适合人群等全部介绍清楚。客户不需要再反复对比，只需要选择 yes 或者 no，因此提高了成交的效率。

图 1-4 在淘宝网搜索"茶杯"

网红主播的必备素养

　　直播带货对主播的依赖性很强，很多观众完全是出于对主播的信任，才会毫不犹豫地在直播间下单，并且成为直播间的铁粉。如果换了一个主播，直播间的人气肯定会发生变化。可见，带货主播虽然门槛较低，但是要想做好并不是件容易的事，它需要主播具备某些特质，例如非常善于聊天，或者有过相关的从业经历等。

扎实的专业能力

　　直播带货的本质和街头售卖没有什么区别，只不过以前销售要亲自向路人推荐，现在主播坐在手机屏幕前就可以完成了。对于主播来说，相貌只能作为加分项，真正的立身之本是专业能力。以淘宝为例，淘宝直播的主力军是商家自播，比如专柜的 BA（业务分析师）、汽车 4S 店销售人员、批发商店的老板等，他们都是在某个垂直领域深耕多年的专业人士，并不是靠颜值吃饭，而是以专业见长。

　　具备专业能力的人更适合做带货主播，网络上的 KOL（关键意见领袖）和 KOC（关键意见消费者）是其中的典型代表，他们对产品有比较全面的认识，而且他们长期经营自媒体账号，在营销方面具有一定的经验。还有一种是线下的销售人员或者电商运营人员，他们长期和消费者接触，知道消费者最关心的是什么，所以拥有先天优势。

　　例如，淘宝主播李佳琦是网上火热的"口红一哥"，作为一个男生，却能够成功地向众多女性用户推销口红，最重要的原因就是他的专业能力。在开始直播生涯之前，李佳琦曾是欧莱雅专柜的一名销售人员兼彩妆师，在美妆领域积累了丰富的经验。在直播的过程中，李佳琦会对每一款口红进行试用，并且给出专业的使用体验。凭借这种方式，他很快获得了观众的喜爱。

优秀的表达能力

作为一名优秀的主播，每天要面对无数的观众，因此必须提高自己的表达能力。如果主播没有良好的语言组织能力，就会像一个手无寸铁的士兵，只能眼睁睁地看着别人成功，自己却不可能有任何收获。想要获得成功，就必须拥有过人的语言表达能力，让用户舍不得错过你直播的一分一秒。

在本质上，带货主播和销售没什么两样。在讲解产品的时候，主播一方面需要面面俱到，把产品的基本信息说出来，另一方面需要针对产品的特殊卖点进行重点介绍，合理分配二者的时间，这对主播的表达能力有很高的要求。

在介绍产品的空隙，主播还要跟粉丝进行互动，如果不能形成良好的互动，就算不上优秀的直播。观众是主播的衣食父母，所以主播聊天时不能口无遮拦，要避免说一些不利于网友形象的话，以免对粉丝造成伤害或者引起粉丝的不悦。要学会三思而后言，但是又不能够冷场。

具备高情商

主播薇娅是属于 IQ、EQ 都很高的，不但能在直播间轻松应对黑粉，还能活跃气氛，这也是每个主播都要学习的地方。

很多人羡慕大主播的风光，以为他们不用拼死拼活地工作，只要在屏幕前说几句话就能赚得盆满钵满，实际上这是对直播行业的最普遍的误解。任何一位主播都不是随随便便就能够成功的，在成长为大主播之前，他们都曾经经历过长时间的蛰伏。

要想成为一名优秀的主播，一要有智商，二要有情商。智商能帮助我们搭上时代的顺风车，情商能帮助我们获得观众的认同。直播间就是一个浓缩的小江湖，经常会出现一些让人尴尬的问题，这时候就体现出高情商的重要性了，主播若能做到高情商回应粉丝，就能收获更宽广的未来。

例如，在一次活动中，某位主播未能拔得头筹，粉丝们纷纷前来安慰，主播立即展现出了高情商的一面。她先是表示名次不重要，因为谁都不可能永远都是第一名，并且说只要把产品做好，做到对大家负责任就很开心了。这时助理在旁边补充道，哪怕以后主播都不是第一名了，也会是大家心里的第一名。就这样，主播只用了寥寥数语，就把这个尴尬的问题化解了。

心理素质强大

在任何行业中，从业者都需要强大的心理素质，带货主播也是一样。在正式入行以前，很多人对直播带货存在不切实际的幻想，以为自己轻轻松松就可以变成下一个李佳琦或薇娅，直到真正从事这份工作时，才发现其中的艰辛。且不说每天都要对着镜头连续不停地说上几个小时，每天下播之后还要准备第二天的选品，甚至连睡觉前都在想明天直播要用什么主题；主播们很少与朋友、家人聚会，几乎没有属于自己的时间……这样巨大的心理落差往往会淘汰一大部分主播。其实屏幕前那些人气高的主播只是主播中的少数人罢了，更多的主播是在努力挣扎的小主播。

作为一名主播，你至少需要具备以下几种心理素质。

1. 自信

新人主播往往缺乏自信，因此在镜头前表现得很不自然，这样是很难吸引观众的。当主播拥有强大的自信心时，自己身上的特点就会被充分展现出来，主播的个人 IP 属性也会更加耀眼。

2. 乐观

做主播要乐观，无论遇到什么困难，都要相信自己能够应对。正所谓众口难调，无论是哪个主播，都会有人不满意，有人觉得你的直播有意思，也肯定会有人觉得你很无聊。你应该坚信自己的判断，以最乐观的方式去对待所遇到的困难。

3. 尽职尽责

每个新人主播都会遇到艰难的发展期，在这段时间内，无人观看是常见的状况。越是这种时候，越是能考验主播，哪怕仅有的一个观众也离开了直播间，主播也必须尽职尽责地继续直播。

临场应变能力强

做主播要有过硬的应变能力，因为在直播过程中可能会遇到各种各样的问题，就算是头部主播也会出现翻车的情况。最常见的问题包括观众的辱骂、产品质量不合格等，如果处理不好，必然会影响带货的效果。

控场是主播的必修课。什么叫控场呢？简单的理解就是在直播间对时间、场景、氛围、人设的把控能力。经验丰富的主播，在面对接连出现的这些问题时，会表现得非常镇定，首先稳住局面，把节奏掌握在自己的手中，然后营造氛围，引导粉丝。

因此，作为主播，尽量不要让粉丝长时间主导直播的节奏，这样很容易打乱你的直播计划，搞得你手忙脚乱。

在必要的时候，你还要学会无视网友。这并不是说无视所有观众，而是说暂时无视某些网友的要求，把直播的节奏找回来，继续按照直播计划往下走。

新人如何迎接直播风口

有人说："站在风口上，猪都能飞起来。"然而现实是残酷的，站上风口的有无数人，但是最终吃到红利的却是少数人。在冲向风口之前，你得做好计划，了解直播带货背后的逻辑。

作为一个初次接触直播的新人，如何进入行业风口呢？下面是一套简单实用的方法，我把它归纳为定模式、选平台和做内容。

店铺直播模式
达人带货模式
基地走播模式
国外代购模式
直播间定制模式
抢拍模式
砍价模式

淘宝直播
天猫直播
京东直播
拼多多直播
抖音直播
快手直播

选择垂直领域
主播可以避开竞争
用户获得更好的体验
平台扶持垂直领域

定模式　选平台　做内容

图 1-5　新人迎接直播风口

定模式：开播之前，先确定直播模式

俗话说"磨刀不误砍柴工"，在正式开启直播生涯之前，我们首先要搞清楚直播的模式。如今常见的直播模式主要有以下几种。

1. 店铺直播模式

如果主播原来就是电商从业人员，有独立经营的店铺，就可以用直播为店铺引流，专门介绍自家店铺里的产品。这种模式的好处在于货源稳定、利润率高，它的竞争力来源于商品，依靠购物袋中的商品与观众进行互动；缺点是产品的类型较为单一。

2. 达人带货模式

很多达人主播自己没有店铺，他们凭借着极高的人气，选择帮别人带货，从中提取佣金，例如罗永浩老师就属于达人主播。这种模式的好处是可以选择的产品种类多，能够持续给用户带来新鲜感，而且不必自己准备货源。然而缺点也很明显。首先，主播的专业能力毕竟有限，不可能了解所有产品的细节，带货时可能会出现解说不专业的情况。另外，这种模式对主播的要求较高。如果新人主播选择了这种模式，前期会过得非常艰难。

3. 基地走播模式

一些主播选择走出直播间，来到线下市场，在品牌店、批发市场、农场等地进行直播，帮助店主提高成交量，主播从中赚取佣金。这种深入市场的模式被称为"走播"。这种模式的优点是资产压力小，主播几乎不需要成本，他们不需要担心货源和库存，以及售后服务等问题，甚至连直播室都不需要租。主播们一般会提前到基地选好货，同时搭建直播场景，然后即可开播。

4. 国外代购模式

一些主播选择在国外给用户带货，同时把整个过程用直播的形式呈现出来。在这种模式中，主播通常会事先发布预告，让用户知道自己将要代购的商品和价格。这种模式的优点是容易吸引客户，尤其是在奢侈品行业，由于关税、款式等原因，国外代购很容易吸引客户。缺点是货源不稳定，店铺里的商品可能出现库存不足，而且需要长途奔波，主播会比较劳累。

5. 直播间定制模式

当主播的名气足够大时，主播个人就已经成为一个大 IP 了，这时就可以借鉴传统的营销方法，推出主播联名定制款。这种模式的好处是利润很高，可以持续营销。

6. 抢拍模式

例如主播推荐一双 41 码的运动鞋，并且给出很高的折扣，想要的观众可以在弹幕中输入"666"，然后由主播截图抽奖。这种模式的优点是互动性很强，能够活跃直播间的气氛，但是产品限制较多，因此成交额通常比较少。

7. 砍价模式

砍价在线下营销中很常见，但是在网店购物中的占比较低。如果使用砍价模式，就会吸引很多人观看。例如，美的冰箱曾经举办过一场直播活动，开展"砍价内购会"，吸引了很多观众在线观看。

选平台：分析受众人群，选择直播平台

作为一名主播，带货是我们的本职工作。选择平台时应当从实际情况出发，看看哪家平台能够提供更好的平台政策，为自己带来更大的流量，使自己获得更多的用户关注。所以，我们应该更多地关注以下几个方面的信息。

1. 平台流量

在挑选平台的时候，首先应该关注平台的流量，看看平台在目前的市场竞争中的表现和地位。选对了平台，就能得到更好的扶持和更多的资源，更有机会在短时间内成为拥有百万粉丝的大主播。目前流量最高的是淘宝直播，其次是抖音和快手，京东和拼多多也在奋力追赶。

2. 竞争程度

光有流量还不够，还要看平台内部的竞争是否激烈。平台的流量很大，往往意味着竞争压力也很大。大平台通常拥有很多大主播，他们对流量的争夺十分激烈，这也会导致新人主播很难发展。任何一个平台都有可能出现这样的情况：前期流量少，主播数量也少，但是随着平台的发展，主播也会慢慢站稳脚跟，跟着平台获得越来越多的流量，最终成长为头部主播。

3. 与专业相关

例如，有些平台的男性用户居多，购物种类主要集中在数码、手表、渔具

等领域；有些平台的女性用户居多，购物种类主要集中在美妆、服装、宠物等领域。新人主播可以根据自身的条件及将来的发展规划，选择合适的平台。

4. 新人扶持政策

很多平台都有自己的新人扶持政策，这么做是为了吸引更多的主播和用户，例如淘宝有针对新人的 7 天扶持期。在这 7 天时间内，淘宝直播会给予直播间浮现权，只要精心准备，就能让直播效果获得显著提升。

5. 综合运营能力

在挑选平台时，也要重点考察平台的运营能力。一个好的平台，加上好的运营，就有机会获得很高的市场占有率。这样，主播就能搭上平台发展的顺风车。反之，主播的曝光率和直播活动效率都会受到直接影响。一支优秀的运营团队，会针对市场和平台的主播设计特有的活动来吸引主播和平台的用户。

做内容：打造高度垂直的直播节目

在直播营销中，主播成长的因素有很多，包括自身的运营、形象的塑造等，但关键还是内容，要想从上千万的主播之中脱颖而出，吸引更多的粉丝，就必须做出有竞争力的内容，这才是后期营销中流量变现的源泉。

如今，众多主播被迫在更精细化的垂直领域开展攻势。内容垂直化将成为直播行业的主要趋势。什么是垂直领域呢？简单来说就是在一个大领域下，垂直细分出的小领域。例如美妆是一个大的领域，在其下可以细化出护理套装、精华、防晒等二级领域。

随着直播电商竞争的日趋激烈，一些常见的产品类目下已经聚集了无数名主播，想要从中崭露头角可不是件容易的事，此时做垂直领域就是为了避开竞争。同时，直播用户群体的不断壮大，使得垂直领域内的主播获得更广阔的生存空间。因此，未来的电商直播平台将会更多地聚焦于某一特定用户群体的需求，在垂直领域持续发力。

第二章　淘宝直播：入行时间早，吸金能力强

　　经过几年时间的布局、持续的高额投入，以及大量的媒体宣传，淘宝直播如今已经成为电商直播领域内毫无争议的领头羊，在 PC 端和移动端都有入口。淘宝直播拥有丰富的经验，开发出了很多独具特色的玩法，例如阿里 V 平台、主播排位赛、浮现权等，并且培养出了许多位火爆全网的知名主播。随着电商直播行业的火热，淘宝还会继续投入大量资源。如果你是一位拥有雄心壮志的主播，并且实力强劲，淘宝直播会是你的不二之选。

处于领先地位的淘宝直播

在电商平台中，淘宝是较早布局电商直播的，前期的投资如今有了丰厚的回报，培养出了李佳琦和薇娅等多位头部主播，以及一大批流量稳定的腰部主播，此外还有无数位刚刚入场和等待入场的新人主播。

淘宝直播是直播行业的领跑者

2020 年 3 月 31 日，中国消费者协会在北京发布了一份《直播电商购物消费者满意度在线调查报告》，在"目前直播电商购物平台占有率分析"一栏中，显示目前使用淘宝直播的消费者最多，使用用户占比 68.5%，其中忠实用户为 46.3%，处于绝对优势地位；其次是抖音直播和快手直播，使用用户占比分别是 57.8% 和 41.0%，经常使用的忠实用户占比分别是 21.2% 和 15.3%。如表 2-1 所示。

表 2-1　直播电商购物平台占有率

直播平台		使用用户	忠实用户
传统直播电商	淘宝直播	68.5%	46.3%
	天猫直播	32.4%	5.0%
	京东直播	23.8%	3.5%
	拼多多直播	20.9%	3.4%

（续表）

直播平台		使用用户	忠实用户
传统直播电商	蘑菇街直播	8.5%	1.9%
	小红书直播	19.5%	1.7%
	唯品会直播	12.0%	1.3%
社交直播电商	抖音直播	57.8%	21.2%
	快手直播	41.0%	15.3%
	虎牙直播	9.8%	0.2%
	斗鱼直播	12.1%	0.1%
	花椒直播	4.1%	0.0%

数据来源：中国消费者协会。

从这份报告中可以看出，目前淘宝直播的规模和影响力最大，处于绝对优势地位。报告称，在新冠肺炎疫情影响下，多个产业通过"云复工"使消费者"云逛街、云购物"的热情高涨。据了解，整个 2 月，淘宝直播新增商家数环比增长 719%，100 多种职业转战淘宝直播间。像布达拉宫、武大樱花等都纷纷开起了淘宝直播。

淘宝直播的优势分析

为什么淘宝直播的影响力这么大呢？主要原因有以下几点。

1. 布局时间早

淘宝官方对电商直播非常关注，很早就开始布局了。2016 年 4 月，淘宝直播正式发布，当天有 50 万人通过淘宝直播平台围观了 papi 酱的一场拍卖活动。当时的直播行业正处于风口，斗鱼直播、战旗直播、熊猫直播等平台都将眼光放在游戏直播、秀场直播等类目上，淘宝则紧盯电商直播。淘宝的战略很明确，就是要通过直播来为电商引流。这使得淘宝直播有了深厚的技术和经验积累，成长为直播带货行业的领军平台。

2. 商业模式稳定

经过几年时间的发展，淘宝直播已经发展出一套非常成熟的商业模式，能够让主播、商家、用户三方受益。

在淘宝上进行直播，主播可以获得粉丝的关注，通过带货赚取佣金和其他收入。

主播为了吸引关注，于是跟商家谈判，拿到超低的价格和折扣，让用户获得了实惠。

商家在直播过程中，通过主播的产品介绍，获得了广告宣传，提高了商品销量。

3. 配套服务完善

淘宝直播不仅搭建了直播平台，还组建了一整套的服务系统，其中就包括培训体系。完整的培训体系，使主播的专业度不断提升。同时，很多机构为了培养优质主播人才，开设了淘宝直播课程。

4. 平台投入资源多

淘宝官方为直播投入了很多资源，包括为直播间提供流量及其他平台服务等。2020年3月30日，淘宝直播发布了年度战略，宣布今年将投入500亿资源包，为生态伙伴提供百亿级资源，创造百亿级收入。中小主播的成长将成为重点，淘宝直播将打造10万个月收入过万的主播，为中小主播制订成长计划。

5. 积极推广

淘宝还非常善于寻找明星参与直播，以便迅速提高国民口碑。例如，2020年5月14日晚，演员刘涛在聚划算进行了个人首场直播，四个小时带来1.48亿的成交额，创下明星直播新纪录。一夜之间，刘涛就成了"阿里明星带货一姐"，专业度大受认可。

做好淘宝直播的关键：人、货、场协同管理

要做好淘宝直播，关键是做到人、货、场三方面的完美配合。

首先是人。营销是以人为中心的，而不是以货物为中心。因为如今的现实情况是大多数直播涉及的货物都是普通商品，市场上有无数替代品，而货物和场地都要围绕着人来进行调整和布局，强调人的购物体验，包括货物的质量、物流的配送效率等。

在一场直播活动中，主播、粉丝、运营团队是密不可分的。主播需要对货物有深入的了解，并且具备高超的表达能力及控场能力，再加上运营团队的配合与辅助，这些是直播能够顺利进行的重要因素。而粉丝的忠诚度和购买力，则决定了最终的成绩。

货物也是销售活动的关键，有高质量的货物，加上足够优惠的折扣，就可以打动消费者。需要注意的是，要保证货物的供应量。如果没有充足的货物，可以设置成限量购买模式，或者干脆不要上架，以免用户投诉。

场就是直播间，包括直播间的布置，以及直播后台的服务、供应链的支持等。

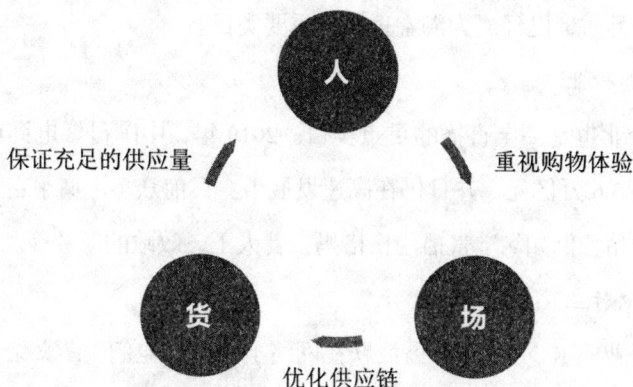

图 2-1 直播营销中的人、货、场

淘宝直播的重点领域

淘宝专注于打造垂直领域的内容，因此对领域的划分很细致，每一个领域内都会有相应的当红主播。那么，哪些行业是淘宝直播的重点领域呢？

淘宝直播有很多个专业领域，包括珠宝、母婴、文娱、家居、数码、汽车、运动、美妆、美食、旅行、游戏、鲜花、萌宠、二次元、健康养生等。其中的重点领域主要有以下几个。

1. 食品行业

食品行业的视频一直以来都很受人关注，从短视频时代就已经有吃播的形式了，虽然它很少出现在热搜上，但是胜在流量稳定。在淘宝直播上，同样有很多主播向观众推荐食品，薇娅也是其中之一。由于食品的受众广泛，男女老少都有可能成为用户，因此商家通常会选择覆盖范围大的主播。

2. 服饰行业

服饰行业是最早开始直播的类目之一，也是比较成熟的模式，具有高成交、高转化、高沉淀的特点。不过服装商家在做直播的时候，需要根据主播的风格以及服装的定位进行匹配，避免出现违和感。

3. 美妆行业

美妆直播的爆红，帮助淘宝直播迅速扩大了影响力。如今美妆行业凭借高折扣和高品质，已经成为淘宝直播的重要类目。

4. 母婴行业

母婴行业也是淘宝直播的重点类目。2019年，中国母婴电商商品市场交易规模约达 3.6 万亿元，并且仍在高速发展中。目前众多电商平台都在直播中布局母婴产品，例如淘宝直播的格格妈、若大王、政政的新装等。

5. 家电行业

家电行业的 KOL 们很早就活跃在网络上。最初他们用图文结合的方式写使用体验，后来拍摄测评视频，目前也在面临薇娅、中法 Tino_Tina 等知名主播的冲击。小米、华为等知名品牌商也曾尝试用直播的方式举办发布会。

6. 个护家清

个护和家用清洁品领域的产品普遍拥有价格便宜、受众广泛、备货充足等特点，因此在直播中很容易一售而空。

天猫直播：于细微处看见差别

如今，通过直播购物已经成为很多消费者的一种生活常态，直播的发展势头很好。目前，淘宝直播的影响力远远超过天猫直播，天猫直播还有很大的提升空间，所以天猫商家们一定要学会这种营销方式。

天猫直播和淘宝直播的关联

我们都知道，天猫和淘宝都是阿里巴巴旗下的商城，二者都是电商，但是有很多区别。

1. 服务对象不同

淘宝直播和天猫直播很像，二者都是为电商服务的，但是服务对象不一样。淘宝网上的商家有很多，形形色色的大中小商家遍布全国，加入直播的门槛低，几乎任何人都可以参与进来。但是天猫直播就不一样了，它服务的商家更加正规，加入直播的门槛也更高。

2. 优惠程度不同

淘宝上的商家大多是第三方中小型卖家，他们在日常经营中经常压低售价，以便与官方店形成错位竞争，再加上本身的实力有限，所以在做直播的时候，他们给出的优惠程度比较有限。相比之下，天猫店的价格总是维持在高位，所以在做直播的时候能够给出更大的优惠力度，再加上品牌方的品质保障，往往能够卖出爆款，出现直播卖货秒空的现象。从这一点来说，天猫直播更容易出现热点新闻。

3. 产品品质不同

我们知道淘宝的准入门槛比天猫低，产品的品质也不如后者更有保障。因此，淘宝直播更加适合内容运营，而天猫直播更加适合品牌运营。

天猫直播的开通条件

一般情况下，淘宝直播的开通条件很简单，开通速度也很快，天猫直播的开通相对复杂一点。天猫平台会对天猫店的信息进行审核，只有符合要求的商家才可以开通直播。

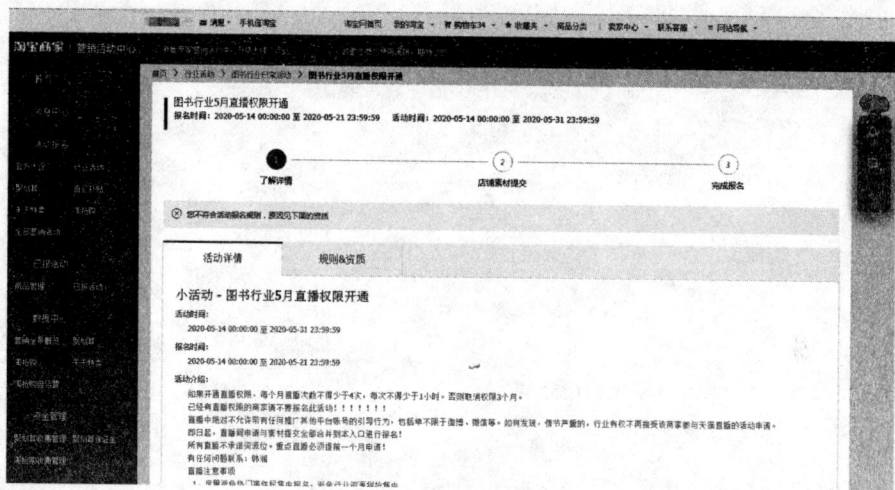

图 2-2 一家图书店铺的直播权限开通页面

商家获得权限的基本要求：

（1）淘宝网卖家或天猫商家，且店铺状态正常。

（2）店铺 / 主播具有一定的综合竞争力，具有一定的微淘粉丝量、客户运营能力和主播素质。

（3）淘宝商家直播须符合《淘宝网营销活动规范》，天猫商家直播须符合《天猫营销活动规则》。对商家准入有特殊要求的，依据另行制定的准入要求执行。

（4）如果开通直播权限，每个月直播次数不得少于 4 次，每次不得少于 1 个小时。否则取消权限 3 个月。

除此之外，对于一些类目的店铺，天猫的小二会每个月审核一次，如果发现店铺不符合要求，就会取消其直播资格。

淘宝直播的注册流程

想要进行淘宝直播，首先要在淘宝直播上进行注册，申请成为淘宝达人。下面介绍开通淘宝直播的具体操作方法。

注册淘宝直播

（1）在手机上下载淘宝主播 App，然后登录淘宝账号，进入应用首页。如图 2-3 所示。

（2）点击"主播入驻"按钮，选择"主播入驻"或"MCN 机构入驻"。如图 2-4 所示。

图 2-3 淘宝主播 App 首页

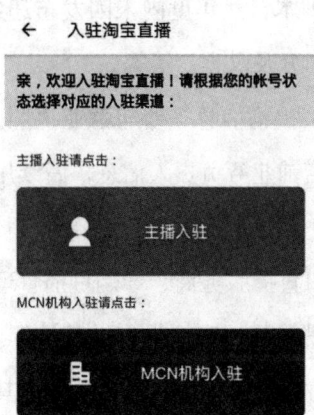

图 2-4 入驻淘宝直播

（3）根据指引进行实人认证（即刷脸确认是否为账号所有者）。

（4）进入资料填写页面。如图2-5所示。

（5）上传主播头像，输入主播昵称，勾选两个协议，点击完成即可创建直播。

淘宝直播的门槛

淘宝分别对达人、商家、MCN机构提出了不同的入驻条件。对直播达人的要求比较简单，很容易通过。对商家和MCN机构提出的要求则相对较复杂，包括以下内容。

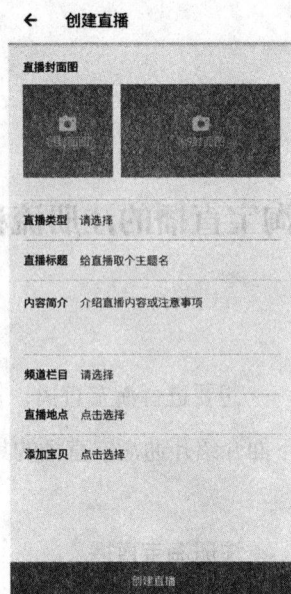

图2-5 淘宝主播App

（1）店铺一钻及一钻以上级别。

（2）店铺微淘等级L1及以上。

（3）卖家的活动须符合《淘宝网营销活动规则》。

（4）本自然年度内不存在出售假冒商品的行为。

（5）本自然年度内未因发布违禁信息或假冒材质或成分的严重违规行为扣分满6分及以上，等等。

（6）机构信息需要与营业执照上的保持一致，并且需要提供法人联系人信息和店铺业务负责人信息，后续用于业务沟通联系。

（7）目前机构后台分为8个角色类型，包括MCN机构、商家直播服务商、档口直播服务商、导购直播管理、村播服务、PGC专业内容及制作机构、整合营销机构、直播供应链基地等。请选择符合公司业务发展的1个类型入驻。入驻成功后，可以再申请开通其他类型的角色。

（8）如果申请入驻的要求被拒绝，则会通过短信消息通知拒绝的原因。

阿里 V 任务平台

直播带货如今非常火爆，无论是商家还是主播都不想错过这个机会，但毕竟不是所有人都是业内人士，大多数人是初次接触直播带货的新人，商家如何寻找合适的主播？主播如何保护自己的合法权益呢？为此，淘宝推出了阿里 V 任务平台，帮助商家与达人形成对接，让卖家也能玩转直播销售的模式。

商家挑选达人主播

在市场营销中，流量往往就意味着金钱。很多商家也开设了店铺直播间，但是要想成长为百万粉丝的大号，需要很多努力。而那些拥有千万粉丝的直播号，不仅需要努力，还需要时机和运气。

对于商家而言，寻找达人主播进行合作，可以在短时间内带来大量流量。阿里 V 任务平台就为人们提供了一个便捷的渠道。

在阿里 V 任务官网首页，我们可以看到"达人合作"的栏目，下面有淘宝主播、图文达人、短视频达人、标准头图短视频、直播通、淘榜单等选项。如图 2-6 所示。

图 2-6 阿里 V 任务官网界面

第一次登录平台的时候，平台上会显示"立即开通"的按钮，请点击注册。商家选择"我是需求方"，主播选择"我是服务方"。

如果你希望寻找主播，可以点击"淘宝主播"。进入新页面后，可以设定粉丝数量、垂直领域、服务类型、优选推荐等条件，以便找到合适的主播。还可以点击栏目上方的选项，在主播、机构、直播综艺栏目、商家直播代运营、淘女郎之间进行切换。或者干脆在页面右上方点击"搜达人"，直接搜索自己心仪的主播。如图 2-7 所示。

发现感兴趣的主播后，点击"合作咨询"。进入洽谈环节后，要先与服务方进行沟通后再下单。根据与服务方沟通的细节进行"拍下"操作，选择好正确的报价链接，点击"进行合作"。交易顺利完成后，可以查看效果。目前查看效果的路径有两个：一是 V 任务后台单条内容效果，二是生意参谋后台内容板块数据。

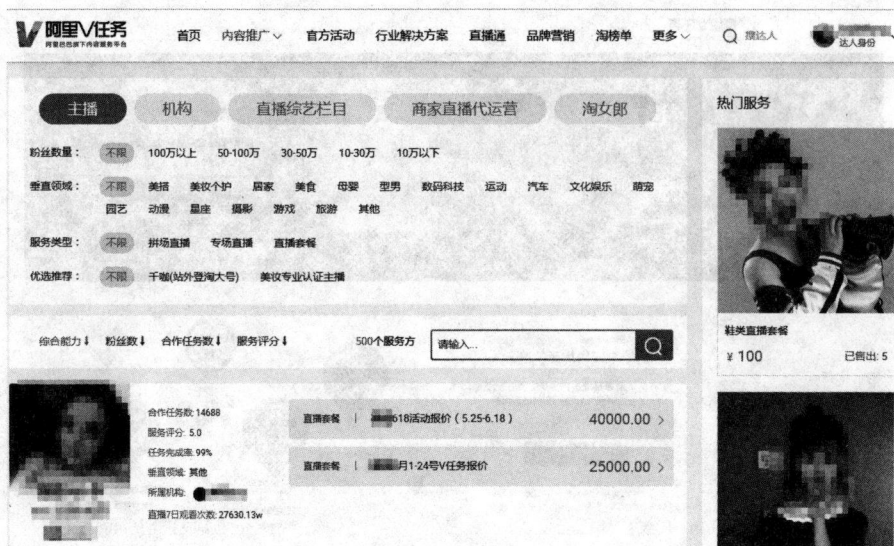

图 2-7　阿里 V 任务寻找主播

除此之外，商家还可以在阿里 V 任务官网导航栏中点击"直播通"，然后选择"我要供货（商家进入）"。

主播接单和变现

在阿里 V 任务平台上，主播也可以发布报价，接商家的订单，用赚取佣金和提成的方式变现。

首先，进入阿里 V 任务网页，在导航栏中找到"直播通"，点击进入，然后选择"我要选货（主播进入）"。直播通为主播提供了两种合作模式：寄样模式、到店模式。如图 2-8 所示。

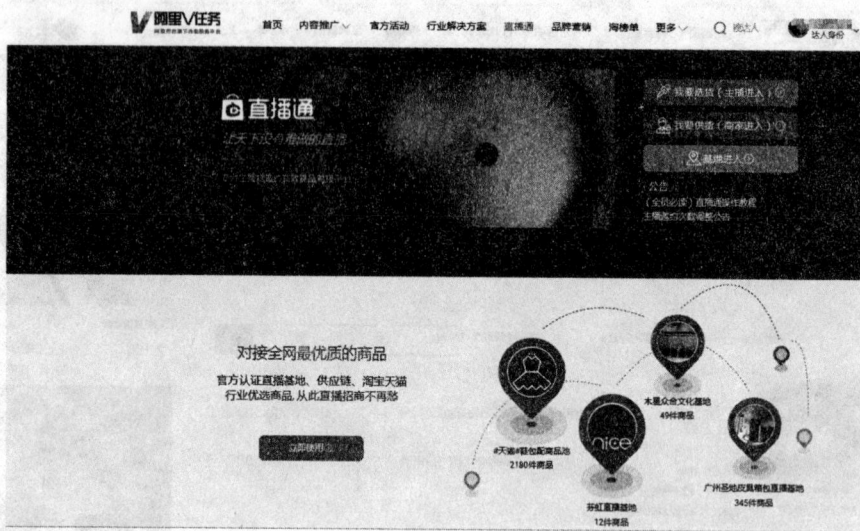

图 2-8　直播通

1. 寄样模式

在直播通上，我们可以在"行业精选"栏目中看到很多寄样合作的直播合作货品池。如图 2-9 所示。

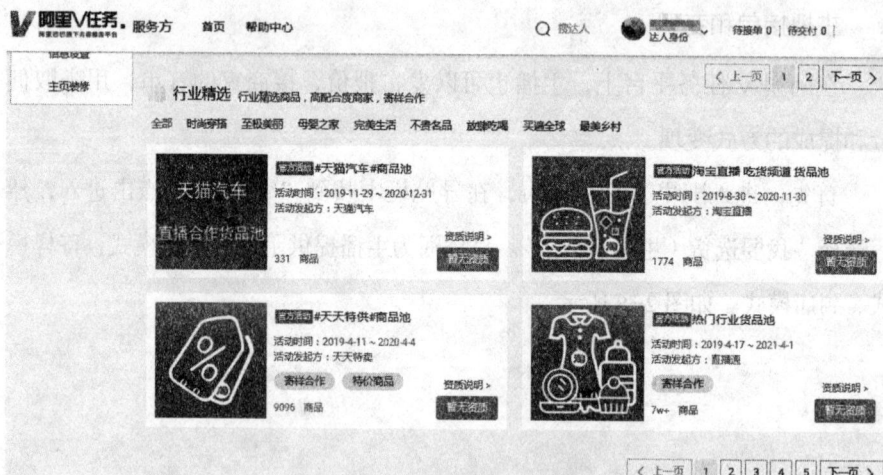

图 2-9　寄样合作直播货品池

2. 到店模式

除了寄样合作以外，主播也可以选择去淘宝基地直播，享受更专业的直播配套服务。如图 2-10 所示。

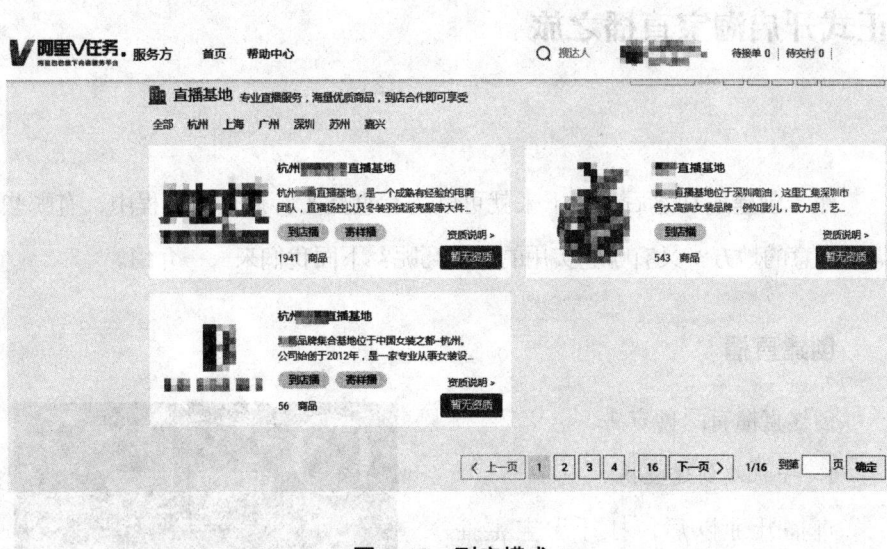

图 2-10　到店模式

选择完模式后，在阿里 V 平台首页找到"发报价"并点击。按照"选择服务类型—完善服务方案—提交成功"的提示，一步步进行设置。为了让商家更放心地下单，建议最终报价与官方建议价不要相差太大。

正式开启淘宝直播之旅

账号创建成功之后，接下来就可以进行直播了。在直播过程中，有哪些需要注意的地方？又有哪些实用的小技巧呢？下面我们来一一介绍。

创建直播

创建直播有两种方法。

1. 手机端创建直播

直播开通以后，打开淘宝主播App，在主页点击"手机直播"或"拍摄视频"，即可开始您的直播之旅。如图2-11所示。

2. 电脑端创建直播

在电脑上打开淘宝直播中控台https://liveplatform.taobao.com/live/liveList.htm，输入账号和密码之后，就可以在主页看到"创建直播"的选项。如图2-12所示。

图2-11　手机端直播

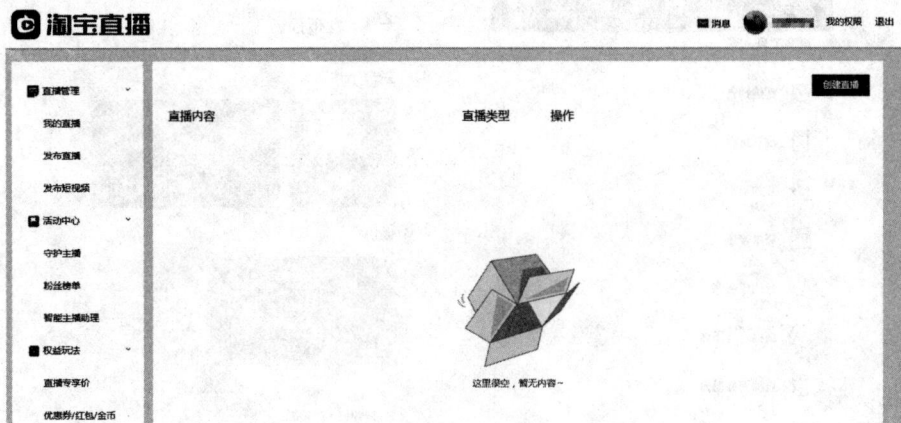

图 2-12　淘宝直播中控台

发布直播预告

在正式开始直播之前，主播需要提前发布直播预告，这样做是为了给观众一个预先准备的时间，以便主播尽可能多地获得关注度。同时，在直播预告中清晰地描述主题和内容，将有机会被平台选中进行主题包装，甚至被推广到首页。

首先，打开淘宝主播 App，在首页下翻，找到"更多工具—创建预告"。如图 2-13 所示。

点击进入"发布预告"页面，根据提示填写信息，并且添加宝贝，最后点击"发布预告"即可。如图 2-14 所示。

此外，发布直播预告还需注意以下几点要求：

（1）预告视频的背景必须干净整洁，不能出现杂乱无章的背景。

（2）预告视频中不能添加字幕。

（3）预告视频的比例为横屏 16 : 9。

（4）预告视频中不能出现水印。

（5）预告视频的发布时间不能晚于当天下午 4 点，否则将不予审核浮现。

图 2-13　创建预告

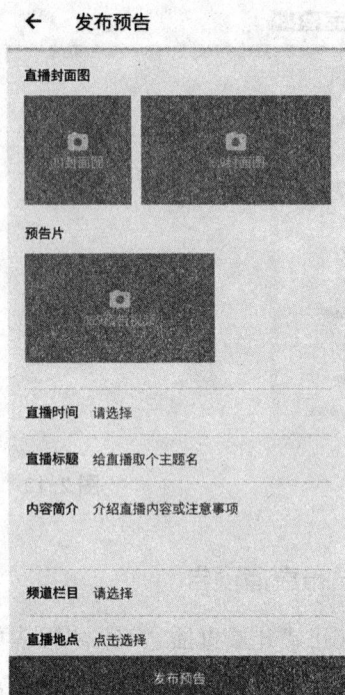

图 2-14　发布预告

设置优惠券

想要把直播间做好，除了引流推广、数据分析、选品优化等，发放优惠券也是一个非常有效的方法。在很多大主播的直播间里，设置超高折扣、发放大额优惠券都是常见的做法，往往能够吸引很多用户。小主播很难给出高额优惠，但即便是这样，小额优惠券也能吸引很多顾客。

1. 在电脑端设置优惠券

首先，在电脑上打开淘宝直播中控台，从左侧的导航栏中找到"权益管理—优惠券 / 红包 / 金币"，点击"创建优惠券"。如图 2-15 所示。

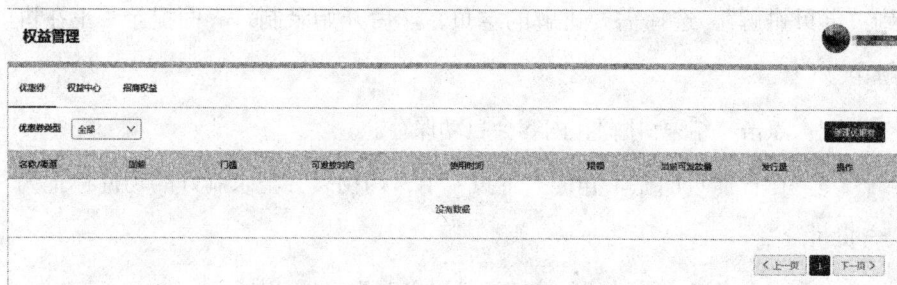

图 2-15　创建优惠券

创建好奖池后，再次打开回到"权益管理"，即可选择优惠券奖池发放了。

2. 在手机端设置优惠券

在手机端打开直播，点击"互动面板"下方的"优惠券"选项，选择已创建的优惠券或者新建一个优惠券。

设置直播切片

我们知道淘宝直播一旦开始，主播就需要连续讲解几个小时，其间不会停止，而直播切片就是单独选出来的一个片段。主播可以针对每一个产品都做一个直播切片，方便观众回顾前面的讲解。一些优质的直播切片，还可以分发到其他渠道中，为直播间带来更多的流量。

淘宝直播中的切片，可以在直播过程中设置。

（1）在淘宝直播的主播端找

图 2-16　"看讲解"直播切片

到"宝贝讲解",选择需要讲解的宝贝,然后开始录制,界面提示"正在讲解中"。

(2)点击"结束讲解",内容会自动保存。

(3)在直播页面左下角的"宝贝"中,购物袋会把录制好的切片标记为"宝贝讲解"。

(4)观众点击"看讲解"按钮,就可以观看直播切片。

参与直播排位赛

淘宝官方每个月26号都会举办一次直播排位赛,获得排位的主播可以获得更多的平台流量分配,店铺和商品的曝光率会大大提升,因此说这是一种激励主播的活动。排位赛最初的名字叫"超级福利日",是用来回馈粉丝的,所以参与活动的主播通常要给出更大的优惠力度,以便吸引更多的用户。

直播排位赛无须报名,只要符合条件,默认全员参赛,按照"登录淘宝—进入后台—用户运营—自动营—淘宝直播—系统公告"的流程,就可以查看系统发送的通知。

参加直播排位赛的条件如下。

(1)有直播发布及浮现权限。

(2)退款率等逆向数据不高于平均水平。

(3)粉丝无负面评价或投诉,无违规行为。

(4)直播活跃度高(系统能计算出合适的赛道)。

淘宝直播浮现权和直播排名

做淘宝直播，就不可避免地会遇到浮现权问题，浮现权关系到直播的效果。尤其是对于没有经验的中小主播来说，获得浮现权是通向成功的一条捷径。那么，什么是浮现权？如何获得浮现权？直播间的排名又该如何提升呢？

决定直播命脉的浮现权

直播浮现权是什么？简单来说，就是平台帮你推广的权限。有了浮现权，你的直播间就可以出现在平台的公域流量处，你本人也更有机会成为当红主播。浮现权并非人人都有，因此主播们都对它怀有又爱又恨的矛盾心理。

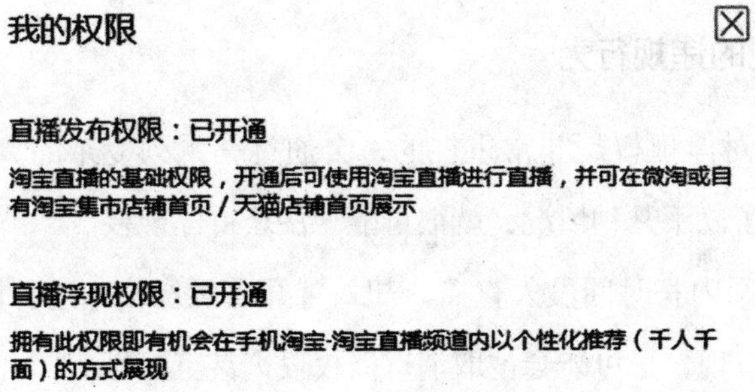

我的权限　　　　　　　　　　　　　　　　⊠

直播发布权限：已开通
淘宝直播的基础权限，开通后可使用淘宝直播进行直播，并可在微淘或自有淘宝集市店铺首页／天猫店铺首页展示

直播浮现权限：已开通
拥有此权限即有机会在手机淘宝·淘宝直播频道内以个性化推荐（千人千面）的方式展现

图 2-17　直播浮现权

开通浮现权的基本条件如下。

（1）场均观看 UV 达到 50（UV 指观看人数，非观看人次）。

（2）人均观看停留时长 0.5 分钟。

（3）拥有直播发布权限 15 天以上，在考核周期内发布过 5 场直播，每场
30 分钟以上的达人主播（非机构主播）。

简单来说，只有当你直播的频率足够高，而且有足够的观众互动，不
至于冷场，才会获得浮现权。所以，获得浮现权并不是什么难事，关键在于
坚持。

对于新人主播，淘宝官方会进行一定程度的扶持，其中一项就是免费赠
送固定期限的浮现权，让新人主播有更多的机会出现在公众面前。

需要注意的是，浮现权并不是终身的，更何况是在竞争如此激烈的淘宝
直播，官方会定期（15 天）对主播进行考核，根据直播的质量、转化率等因
素进行评定。淘宝直播的规则会根据实际情况进行调整。主播需要持续进行
关注，避免出现违规的情况，因为一旦违规就会被扣分。

有的时候，直播坚持了很长时间，商店却依然没有浮现权，这时除了等
待平台给予浮现权以外，商家也可以主动找淘宝小二进行沟通，特别是一些
流量池较小的冷门类目。

禁止出现的违规行为

淘宝官方对浮现权是非常重视的，会通过一系列复杂的算法进行评定。
如果主播出现了以下几种情况，就很可能无法获得浮现权。

（1）直播间内长时间没人直播，却一直开着摄像头，这种情况是绝对禁
止的，如果被发现，很可能会被取消直播权限，甚至封号。

（2）没有现场直播，而是播放之前拍摄的视频或者广告、影视剧等。

（3）注册了两个淘宝直播账号，却由同一个主播直播。

（4）直播过程中出现二维码、条形码等，或者诱导观众进行线下交易。

（5）直播间的主图、详情页、标题不规范，出现"福利""福袋""专用链接""专属链接""秒杀"等字眼。

（6）直播间画面杂乱无章，主体不突出，有很多无关的零碎物品，显得十分不专业。

（7）主播形象不佳，蓬头垢面、无精打采，说话声音太小。

（8）商家冒充达人主播，试图骗取浮现权。

（9）盗用他人的产品图片或直播封面。

如何提升直播排名

淘宝平台建立了一套复杂的计算系统，它会针对每个直播间进行评分，然后进行排名，排名高的会获得更多的平台推荐和流量，所以提高直播排名就很重要了。在实战过程中，我们可以从以下几点着手进行。

1. 优化直播标签和预告

事实证明，在直播开始之前发布预告，可以有效地提高流量。直播间的标签要和产品类目有高度相关性，我们可以打开卖家后台，找到"营销中心—客户运营平台—客户管理—客户分析"，这样就可以看到店铺访客的人群标签，包括性别、年龄、地区、折扣、类目等。也可以使用"生意参谋"查看相关属性，然后挑选合适的关键词作为标签。

2. 积极引流，提升直播观看量

直播观看量是直播排名的一项重要参考指标，所以要做好引流工作，通过宣传和引导，让用户将直播间分享出去，以吸引更多的用户前来观看。

3. 延长用户停留时间

这是淘宝直播的评价指标之一。直播间最好能够保持稳定的观看量，不宜出现大起大落。如果大部分用户停留的时间太短，就会被平台认定为无效流量，不计入考核中。通常停留时间在3分钟以上才会被计入排序；同时，用户停留的时间越长，说明直播的质量越高。

4. 引导观众互动

观众互动也是直播间热度的重要考量。用户发送的弹幕数和点赞数越多，就越容易被推上首页。在直播的过程中，主播可以多聊些与生活相关的话题，例如最近出现的热门影视剧等。

第三章　京东直播：多种直播路径并存

与淘宝直播相比，京东直播的发展速度相对缓慢，如今资源更多地聚集在自营商家，个人主播的板块处于起步阶段。也正是因为如此，京东的个人主播竞争不像淘宝直播那样激烈，京东直播也给予了更多的政策支持。京东给直播的定位是"专业＋电商"，在扩大规模的同时，也要保证品质，树立行业的品质标杆。

厚积薄发的京东直播

京东是国内知名的电商平台，经过多年的发展和沉淀，逐渐形成了自己的独特优势，并且在激烈的市场竞争中站稳了脚跟。面对火热的直播领域，京东也不甘寂寞，积极入场布局，根据自身的条件，创造出独特的优势。

独具特色的京东直播

在电商直播的风口，最风光的是淘宝直播，快手和抖音紧随其后，相比之下，京东要平静得多。京东和淘宝同属电商平台，又是多年的竞争对手，难道京东不想做直播吗？当然不是，关键在于京东的特殊模式。

图 3-1 京东直播电脑端首页

淘宝的经营模式是 C2C（用户对用户），特点是 UGC（用户原创内容）表现突出，一大批网民涌入淘宝，开设了自己的店铺。京东商城是 B2C（商家对用户）经营模式，更强调 PGC（专业生产内容），所以品牌店铺较多，而个人店铺数量无法与淘宝相比。

直播是由产品和经营模式决定的，京东商城最受好评的领域是家电和 3C 产品，而不是淘宝直播擅长的服装和美妆领域。

基于上述差别，京东直播的重点是与品牌合作，而淘宝是主播先行。

京东直播逐渐发力

京东很早就在关注直播领域，2016 年 5 月，在淘宝开通直播功能的当月，京东紧随其后，上线了直播功能。京东给出的口号是："一站式的场景营销，激发商家创造力，激活粉丝资产。"无论是在商家端，还是在达人内容生产端，京东都进行了深入布局。

一方面，京东开始与各大商家进行合作，在"京东 11.11 全球好物节"期间开展直播活动，其中包括海澜之家、热风、Levi's 等，使得这些品牌的直播间积累了大量粉丝。

另一方面，京东也在积极寻找主播。京东为此制定了一个京星计划，在网上发布招募计划，邀请网红主播入驻京东直播。京东对直播进行了严格的规定，包括对所有入行的主播进行考核，严格把控直播内容的质量，准确提升流量转化率。为了给主播创造更多的成长机会，京东还和微信合作，开发了专门的小程序商城，将粉丝影响力转化为带货能力。

如今，京东直播的规模和影响力虽然不如淘宝，但是京东已经找到了适合自己的前进方向，未来站稳脚跟，就可以形成强劲的竞争力。

2020 年开年以来，受到多重因素的影响，直播经济呈现出火热的态势，京东也开始了密集的攻势。例如，董明珠做客京东直播，和科技评测达人王自如同框带货，当天成交额达到 7.03 亿，创下了家电行业直播带货史上最高成交纪录。京东还发起了一次"吃货嘉年华"活动，邀请著名主持人朱桢和众多脱口秀主持人同步亮相直播间。

这说明京东直播经过长时间的蛰伏，如今正在开始发力。京东更加看重长期收益，而不是短期的流量，因此，在建设直播板块的过程中，京东在不断深化品质直播的概念，试图在品牌和用户之间建立一种全新的互动方式，从而强化品牌营销建设。

京东加快了直播生态圈的建设，向其中投入了更多的资源，并且开拓了更多的玩法。京东直播负责人张国伟表示，京东在未来会有这些大动作：向直播领域投入亿级资源扶持，针对不同发展阶段的商家分层定制营销方案，并且针对商家和 MCN 机构启动包括佣金翻倍、场次补贴等一系列利好政策，重磅推出商家赋能"2+2"计划等。

京东直播具备的四大优势

和其他平台相比，京东具备四大优势，分别是品牌优势、价格优势、自营优势和服务优势，这使得京东可以为直播活动提供强有力的支持。

1. 品牌优势

京东是国内知名的电商品牌，和很多商家都建立了合作关系，如今点击量和下单量都位居前列，具有很强的品牌优势。

2. 价格优势

京东商城能够直接面对消费者，省去了中间供应商的环节，减少了中间环节的利润消耗，可以获得更高的价格议定空间。

3. 自营优势

京东是国内第一大自营平台。在很多消费者看来，京东自营就是品质的保证。京东自营店在流量、店铺排名等方面具有天然的优势，可以帮助直播间提升人气。

4. 服务优势

京东商城的配套设施比较完善，相关服务较为优质，物流和售后体系有保障，可以为主播提供后勤保障。

京东直播的注册流程

京东直播需要在移动端观看，注册时可以在网页端进行。下面我们就来看一看京东直播的注册流程。

（1）打开京东内容开放平台 https：//dr.jd.com/page/login.html。如果之前没有注册过京东直播的账号，平台会自动出现开通提示，你可以选择"个人""企业"或者"机构管理者"。如图 3-2 所示。

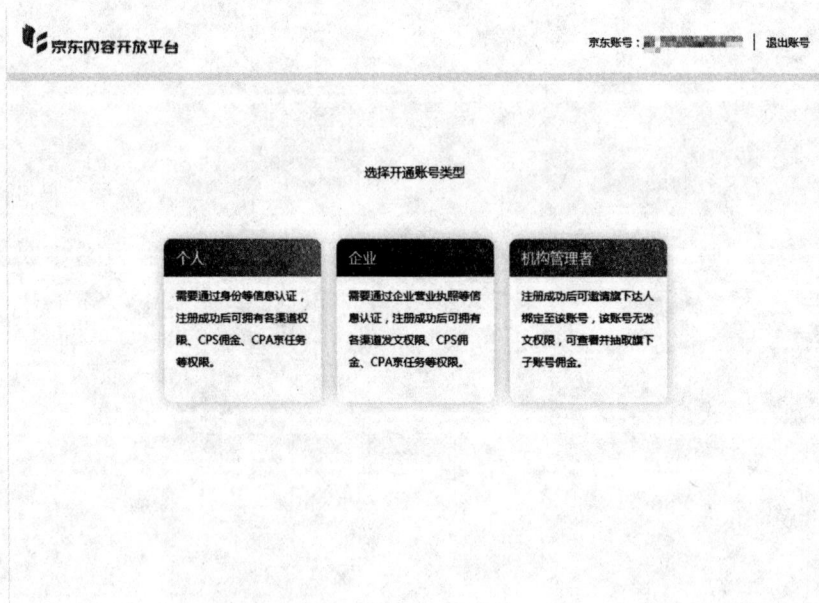

图 3-2　选择开通账号类型

（2）点击其中一项，进入身份认证环节。

个人只需进行实名认证，填写京东账号、账户昵称、联系电话、短信验证码，并上传账户头像等。认证成功后可以拥有各渠道权限、CPS 佣金、CPA 京任务等权限。如图 3-3 所示。

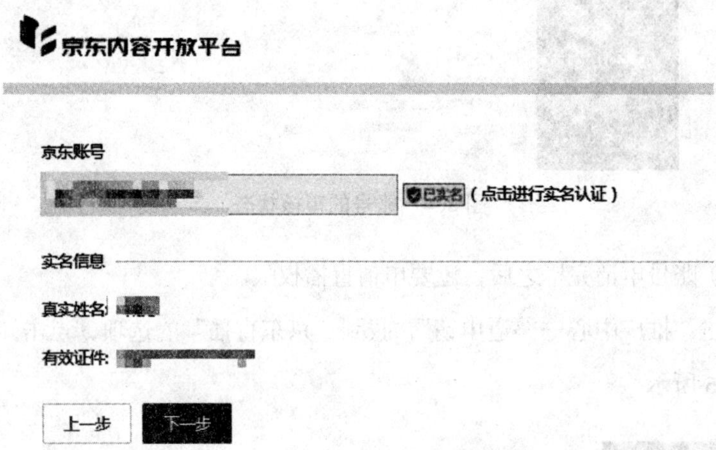

图 3-3　个人认证

企业需要填写企业名称、统一社会信用代码，上传企业营业执照，下载确认函并盖上企业公章后拍照上传。注册成功后可拥有各渠道发文权限、CPS佣金、CPA 京任务等权限。

机构管理者需要上传企业营业执照、下载确认函并盖上企业公章后拍照上传，填写机构名称、组织机构代码、机构简介、注册资本、成立时间以及机构联系人的姓名、邮箱、手机、手机验证码等。注册成功后可邀请旗下达人绑定至该账号。机构管理者账号没有发布内容的权限，但是能够查看并抽取旗下子账号的佣金。

（3）完成身份认证以后，页面会自动跳转到京东内容开放平台首页。点击"账户管理—基础信息"，即可查看账号的审核状态。如图 3-4 所示。

图 3-4　账号的审核状态

（4）账号申请完毕之后，还要申请直播权限。

点击"推广中心—渠道申请"，找到"京东直播"的选项，点击"申请"。如图 3-5 所示。

图 3-5　申请京东直播

（5）根据要求，分别填写账号类型、主播粉丝、自我介绍、申请理由等信息，勾选"同意《京东原创平台入驻协议》"，并点击"申请"即可。

京东直播的开播流程

　　和淘宝直播相比，京东直播的流程相对复杂一些，我们可以通过手机进行直播，也可以用 OBS 专业设备连接电脑进行直播。在手机端直播相对比较简单，所需要的设备比较少。而 OBS 推流需要用到专业设备，因此相对比较复杂。

手机端 App 直播

（1）开启京东直播之前，首先要在网页端进行申请。

　　进入京东内容开放平台 https://dr.jd.com/page/login.html，点击"推广中心—渠道投稿"，找到"京东直播"，点击下方的蓝色"直播"按钮。如图3-6 所示。

图 3-6　渠道投稿

（2）进入京东直播页面，在左侧的导航栏中找到"创建直播"并点击。如图 3-7 所示。

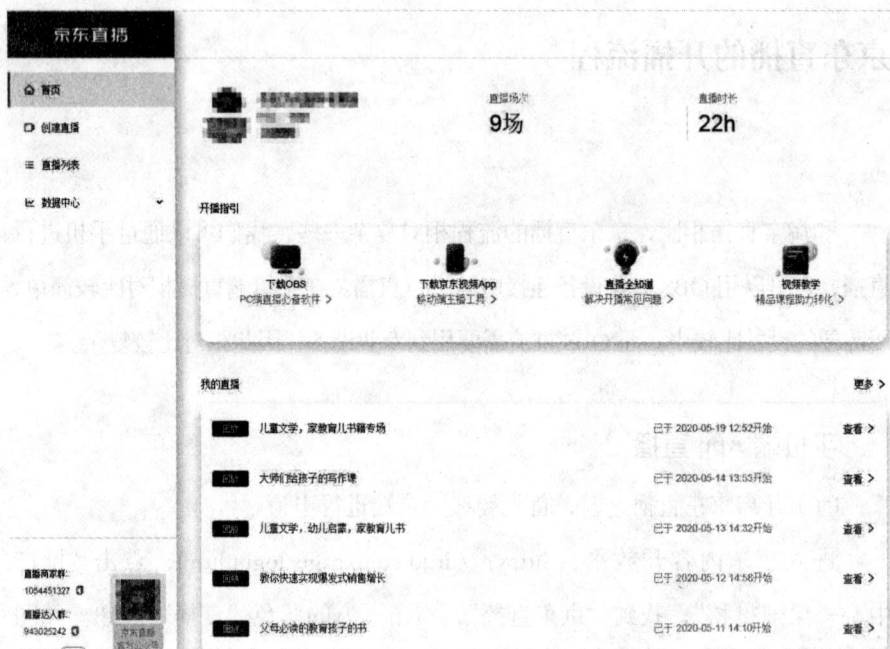

图 3-7　创建直播

（3）根据提示，依次填写直播标题、直播品类、首页封面图等信息，并填写手机号，然后点击"提交"。

（4）稍等片刻，等待审核通过，网页上就会出现"创建直播成功"的提示。

（5）打开手机应用市场，下载"京东视频"App，完成注册。

（6）在底部导航栏中，选择"发布"按钮，点击之后便会出现"短视频"和"直播"两个选项。

（7）进入"已预约"选项中，就可以发现我们之前设置的直播列表。

（8）点击待直播的画面，进入后查看直播信息是否符合要求，然后点击底部的"开始直播"即可。

（9）直播结束后，记得点击右上角的"×"，否则直播画面仍会继续被推送给观众。

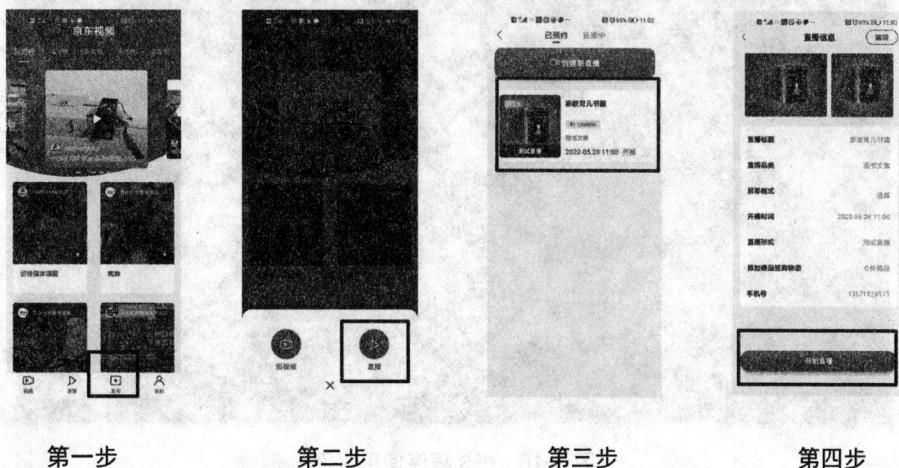

|第一步|第二步|第三步|第四步|

图 3-8　手机开播

用 OBS 推流实现电脑端开播

利用电脑端直播，比用手机直播的操作麻烦，但是它能极大地提升直播的质量，因此，目前京东上的很多商家都采用电脑端直播，由主播和专业的摄影人员配合完成直播，专业程度明显高于大多数主播，从而形成了与淘宝直播的差异化竞争。

在电脑端直播，需要借助 OBS 推流工具（见图3-9）。OBS 的全称是 Open Broadcaster Software，意思是"开源的视频实时流软件"。

图 3-10 就是 OBS 的程序使用界面，正中间黑色区域就是直播画面的显示区域，下方有场景、来源、混音器、转场特效、控件等操作选项。

图 3-9　OBS 图标

图 3-10　OBS 程序使用界面

此外，还需要专业的摄像设备，至少包括一台摄像机、一枚摄像采集卡、一条 SDI 延长线。

在前面的图 3-7 中，我们可以在网页中看到"下载 OBS"和"下载京东视频 App"的指引，下载即可。

OBS 的设置步骤：配置场景—设置来源（镜头、直播演示截取）—调整来源画面的展示情况—混音器，调整音频摄入—进入设置，设置流和其他输出设备。

1. 场景

配置场景主要作为转场画面的切换使用。在左下方的"场景"框内点击右键，添加场景，可以命名为"摄像机"，然后在"来源"框内点击右键，添加视频捕获设备。

2. 来源

这是直播画面采集最重要的一环，主要工作是设置媒体源。当摄像机通过音视频转化设备连上电脑后，就会在设备栏中出现，均线为默认值。一般直播时只需选择合适的摄像头，然后采用默认设置即可。

3. 混音器

混音器的作用是对直播现场的视频音效或者音频进行捕获和播放。

4. 获取京东直播源信息

进入京东内容开放平台，选择"推广中心—渠道投稿—投稿管理—直播"，选择要进行的直播，点击进入操控台间，然后复制推流地址。每个直播间的推流地址都不一样，所以每次直播时都要重新复制一遍。

5. 配置 OBS 推流

打开 OBS 窗口，点击"设置—推流"，在串流秘钥中，填入刚才复制的数据。

6. 设置码率

点击"设置—输出"，将输出模式设置为高级，速率控制设置为 ABR，比特率为 600～1000（根据网络是否顺畅、稳定来设置），关键帧间隔 2 秒。

7. 查看网络

OBS 推流需要网络支持，且网速的上行宽带不低于 4M。可以访问 http://www.speedtest.cn/ 进行网络环境测试。

8. 开始直播

在设置好相关参数后，点击"开始推流"，等到推流成功后，再回到操控台页面，点击"开始直播"。

直播间背景设置

我们在观看直播的时候，会发现大多数直播间的背景都是现实中的真实场景，例如墙面、桌椅板凳等。为了避免杂乱无章，很多主播选择用背景布或塑料板进行遮挡。在京东直播间里，这种情况得到了很好的改善，主播可以按照自己的想法对直播间的背景进行设计，使其看上去更加整洁和专业。如图3-11所示。

我们可以使用OBS软件设计背景图。

（1）事先准备一张图片，给直播间做背景。

（2）打开OBS界面，在"场景"中选择直播间的场景。

（3）在"来源"区域，点击下方的"+"，在弹出的窗口中选择"图像"，然后点击"新建"，找到自己准备的背景图片，点击"确定"即可。

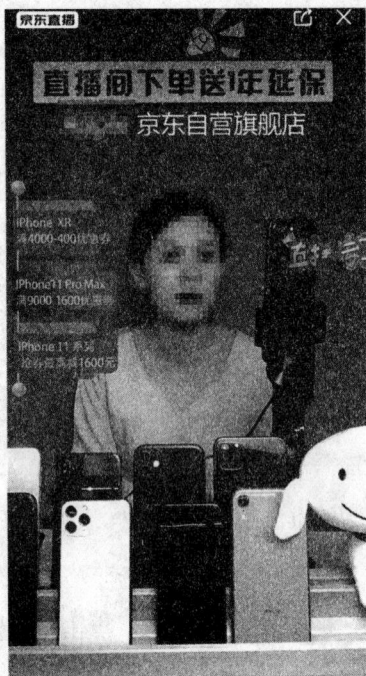

图3-11　直播间背景

（4）拖动图片的红色边框，可以调整背景的大小。将图片调整到合适的尺寸后，点击"来源"中的锁状图表，即可将背景图锁定。如图3-12所示。

图3-12　调整背景

（5）直播间的背景最好用浅色和纯色系，这样看起来简洁大方。可以适当增加一些明亮的装饰，但是不要放太多，否则会显得很杂乱，很低端。

直播间信息板设置

我们知道，直播的一个缺点就是不能用软件进行后期修正，所以视觉效果比不上录播。在电商直播领域，其中一个痛点就是直播画面粗糙、单调。如果能够在直播间里添加上一些信息板，就能给直播带来不错的效果。如图3-13所示。

图3-13 信息板

在OBS软件中，同一个"场景"的"来源"可以添加多张图片。按照上面所讲的方法，我们还可以在直播间里添加上一些文字和图案，当作信息板。具体操作如下。

（1）事先用Photoshop或Illustrator软件设计好信息板，然后保存成JPG图片。

（2）打开OBS软件，配置好直播参数，确保直播画面正常显示。

（3）点击"来源"区域的"+"号，在弹出的窗口中选择图像，正常显示后点击"确定"。

（4）调整信息板的位置和大小。信息板最好居于画面的留白处，不要挡住主播，也不要紧贴画面边缘，同时还要避免"直播功能"按钮遮挡信息板。

（5）如需设置多个信息板，只需要重复以上步骤即可。

京东直播广告位配置

创建直播间的过程中，配置直播间优惠券及店铺链接，就可以让用户在点击"购物袋"时，在产品列表的上方看到主播贴上的广告和优惠券等信息。如图 3-14 所示。

广告位通常可以放置一个店铺名称，然后搭配优惠券，或者设置为跳转到商品原生页及店铺原生页等链接。

京东直播浮现权考核

和淘宝直播类似，京东直播也有浮现权机制，只是考核方式略有不同。

1. 机构考核

对于 MCN 机构，京东也会进行考核。如果机构不能达到标准，那么挂靠在机构名下的所有主播都不能获得浮现权。

图 3-14 广告位

考核标准：

（1）时长不少于 1 小时，UV ≥ 50，计为有效场次。

（2）在考核周期内，机构名下的主播人均有效开播场次不少于 2 场。

（3）机构与主播的挂靠关系以考核周期内最后一天后台显示为准，即每月 15 日及最后一日的挂靠关系。

2. 主播考核

对于个人主播和机构名下考核达标的主播，京东也会分别进行考核。

考核标准：

（1）在考核周期内，直播超过 4 场，每次时长超过 1 小时。

（2）在考核周期内，有效场次场均引导成交订单 ≥ 1，总引导成交金额 ≥ 200 元。

3. 新人主播考核

针对刚刚入驻的新人主播，京东直播会给予更加宽松的待遇。无论是个人主播还是机构主播，入驻就可以获得浮现权，而且在当前的考核周期内不会被纳入考核范畴。下个考核周期开始后，新人继续获得浮现权，但是需要参与考核。

4. 取消浮现权

主播如出现以下行为，将会被暂时取消浮现权，严重者还会被取消下个考核周期内的奖励和浮现权。

（1）直播间标题及封面图大量重复且被驳回后不修改。

（2）同一机构名下的主播直播素材大量重复，严重影响用户体验。

（3）创建大量未开播的无效直播间或经审核被驳回后不修改再次提交，增加审核压力。

（4）直播中存在展示二维码等违规情况，多次收到警告仍不调整。

（5）低质量开播、播放视频及回放、同一时间针对同一内容开播多场等混场次行为。

京东直播的考核周期是每个月考核一次。每次考核结果出炉，京东都会通过微信公众号、京东卖家论坛等渠道公布名单。

京东直播间抽奖

（1）登录游戏精灵平台，创建抽奖活动。如图 3-15 所示。

• 外网游戏精灵网址：http://sjgame.jd.com/

• 内网游戏精灵网址：http://yxgame.jd.com/

图 3-15　游戏精灵平台

（2）点击"直播间抽奖玩法"，填写活动基本信息，包括选择玩法、活动名称、活动说明等。注意活动起止时间要大于实际发奖时间。

（3）按照"奖池设置—添加奖品—填写奖品信息—添加奖品类型"进行设置，包括免单店铺券、普通店铺券、商家京豆、自营京豆等。

（4）填写发奖规则，点击添加奖品。

（5）直播开始之后，进入主播操控台，点击"抽奖"。抽奖活动可以修改，但是最迟需要在抽奖正式开始之前 5 分钟进行。

京东内容开放平台

京东内容开放平台是京东运营、商家和达人共同参与的平台。在这个平台上，商家可以随时查看访客数、转化率等相关数据，主播也可以通过平台接单，完成流量变现。

商家寻找达人主播

（1）在浏览器中输入网址 https://dr.jd.com，进入京东内容开放平台。在左侧导航栏中找到"京任务"选项。如图 3-16 所示。

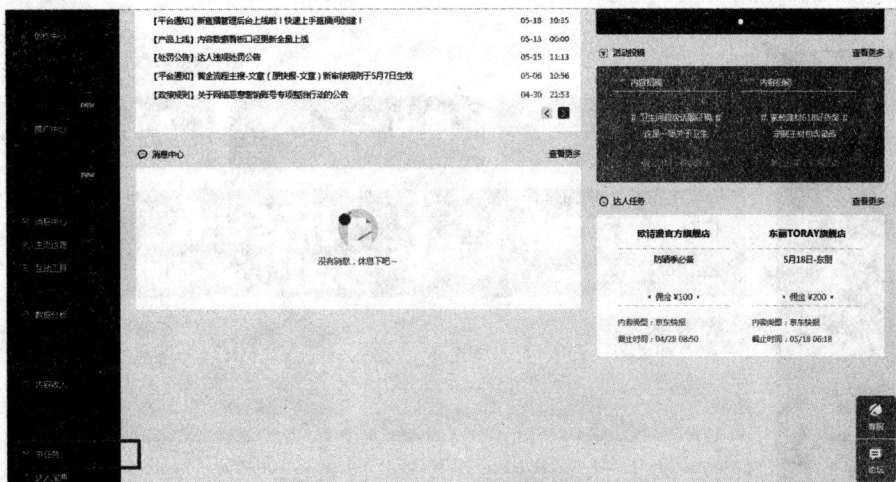

图 3-16　京东内容开放平台

（2）点击"京任务"，进入"京任务"首页。如图3-17所示。

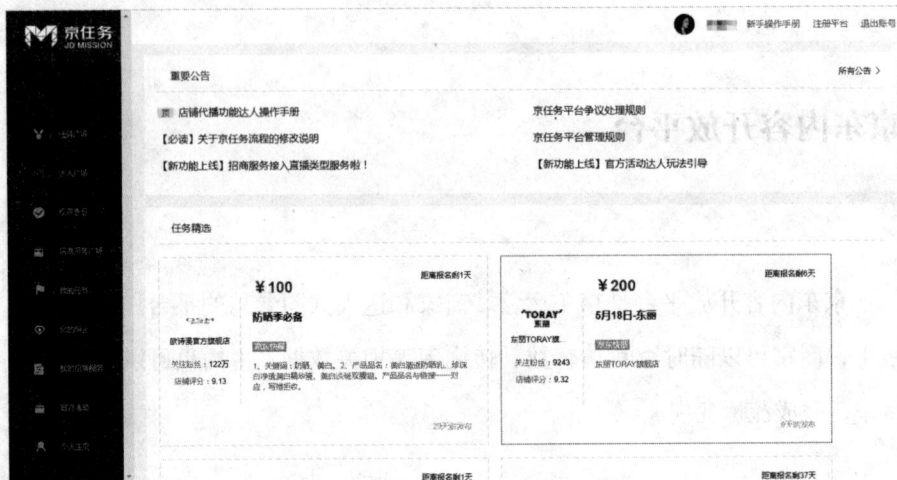

图 3-17　京任务

（3）在左侧导航栏中找到"达人广场"，然后点击，进入"达人广场"。如图3-18所示。

图 3-18　达人广场

（4）点击"机构"或"达人"，修改搜索条件，寻找合适的达人主播。如图 3-19 所示。

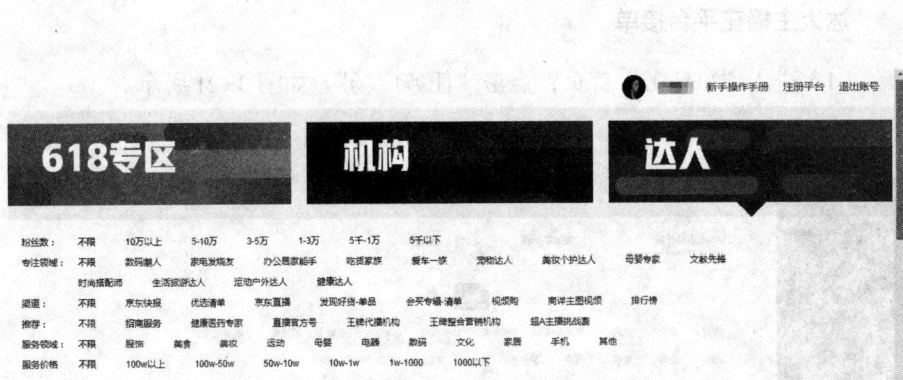

图 3-19 搜索达人主播

（5）在"京任务"导航栏中点击"招商服务广场"，可以发现很多服务商。如图 3-20 所示。

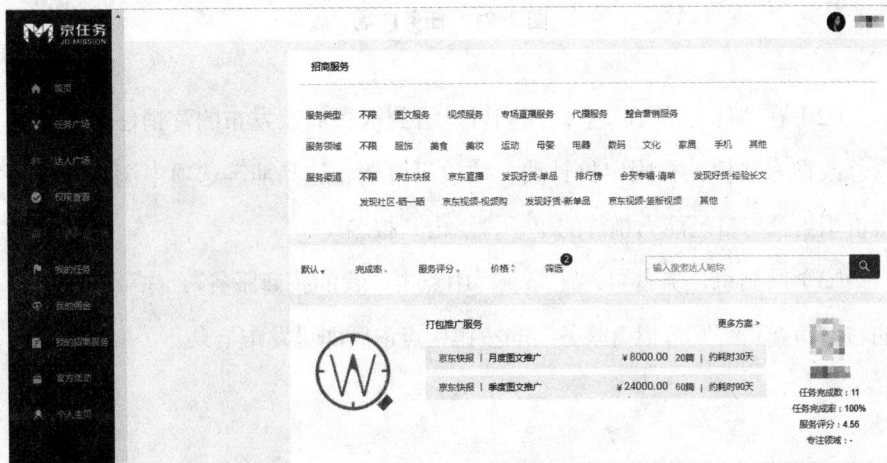

图 3-20 招商服务广场

（6）修改服务类型、服务领域和服务渠道，选择其中一家，点击查看详情，并与之联系合作。

达人主播在平台接单

（1）进入"京任务"首页，点击"任务广场"。如图 3-21 所示。

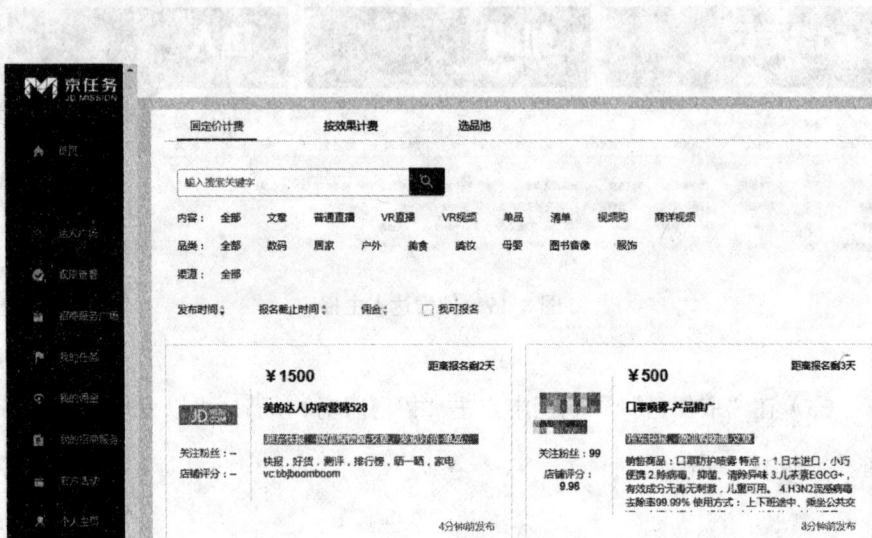

图 3-21　任务广场

（2）在"任务广场"上，我们可以看到很多商家发布的营销任务。你可以修改搜索条件，在固定价计费、按效果付费、选品池等选项中浏览，找到报价相当且与自己能力相符的单子，点击"报名"。

（3）回到京任务首页，在导航栏中点击"我的招商服务"，你可以在页面的右上角找到"发布招商服务"的按钮，点击后即可发布信息。

第四章　拼多多直播：操作简单，容易上手

　　拼多多没有盲目追随淘宝直播和京东直播的脚步，而是根据自身的特点，做出了一些独具特色的设计。例如：不单独划分直播区域，而是将直播状态显示在商品缩略图中；商家和主播入驻近乎零门槛；等等。在直播带货领域，拼多多开发出了适合自己的模式，并且加大资源投入，最终打造出了全民直播带货的景象。

零基础、低门槛带动直播订单

拼多多是一家专注于 C2B 拼团的第三方社交电商平台，在国内电商平台中占据了十分重要的位置，从成立之初就坚持走大众路线。如今，在淘宝、京东等电商平台相继涉足直播领域时，拼多多也开拓了自己的直播业务。

具有独特气质的拼多多

和淘宝、京东相比，2015 年创立的拼多多可谓是后发先至，凭借社交 + 电商的玩法，以及移动互联网的高渗透率、物流和服务的完善、小微企业被扶持等，在低价拼团模式的帮助下，成功实现了传播裂变。这种商业模式的实质，就是多位用户通过相互拼单，形成一定的议价能力，从而以优惠的价格买到商品。在直播领域内，拼多多依旧遵循以往的裂变模式。

2019 年 1 月 19 日，拼多多直播正式上线，简单易行的操作方法吸引了一批直播用户，其中大多数是拼多多商家。拼多多向所有用户开放直播权限，并且定向邀约 MCN 机构，又把平台流量大量向直播倾斜，可以说拼多多几乎将直播带货的门槛完全砍掉了，试图打造人人带货的时代。

虽然起步时间很晚，但是拼多多巨大的用户基数简单的操作方法使得零基础的人也可以开启直播，这为拼多多直播提供了巨大的潜力。对于那些错过了第一波直播风口的商家和中小主播来说，这也是一次重新入场的机会。

三大平台的直播玩法比较

和淘宝、京东相比，拼多多的直播玩法有点不一样。

首先，直播的入口位置不一样。淘宝和京东直播的入口位置都是在一个区域内集中呈现，而拼多多直播的入口是镶嵌在女装、食品、电脑等频道内的首页 C 位，用"直播中"的字样表示出来。

其次，传播模式不一样。拼多多是靠社交 + 电商的模式起家的，在宣传直播的过程中，拼多多延续了以往的做法。当用户进入直播间时，有可能出现一个红包，但是要想把红包里的金额提现，就必须先关注主播，然后就是拼多多的一贯玩法：邀请好友助力，助力速度还要快，否则红包会被抢完。

图 4-1 拼多多直播红包

最后，三大平台的购买方式也不一样。在淘宝直播间里，打开购物袋，点击"抢购"之后便会跳转到商品链接页，用户只需像平常一样下单购买即可。在京东直播间内，打开"购物袋"后，用户需要先点击"求讲解"旁边的小购物车按钮，将产品加入购物车中，最后一起结算。而在拼多多直播间内，用户打开福袋，点击"立即拼单"，页面就会回到商品页，然后像平时一样进行拼单即可。

拼多多直播的开播流程

拼多多直播的注册流程非常简单，几乎可以说是零门槛。开播方式有两种：普通用户可以在拼多多 App 中进行直播；商家可以在拼多多商家版中一键直播，也可以在电脑端进行直播。

普通用户直播

（1）打开拼多多 App，来到"个人中心"，点击头像，进入"我的资料"。

（2）将页面向下拉，在我的资料中找到"多多直播"。如图 4-2 所示。

（3）在直播页面中，点击"开始直播"。

（4）点击直播画面右上角的齿轮形标志，即可开启设置，其中有直播代播、切换镜头、关闭镜像、调整美颜、关闭麦克风、开启闪光等选项。

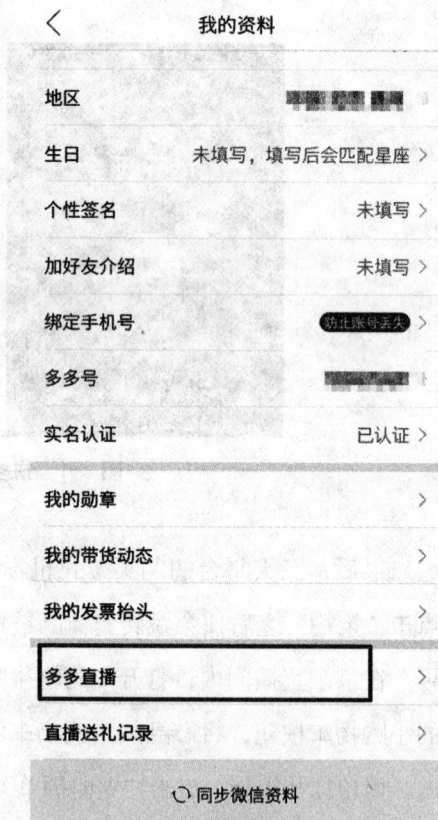

‹	我的资料
地区	▪▪▪ ▪▪ ▪▪
生日	未填写，填写后会匹配星座 ›
个性签名	未填写 ›
加好友介绍	未填写 ›
绑定手机号	防止账号丢失
多多号	▪▪▪▪
实名认证	已认证 ›
我的勋章	›
我的带货动态	›
我的发票抬头	›
多多直播	›
直播送礼记录	›
↻ 同步微信资料	

图 4-2　拼多多 App 直播

商家直播

1. 拼多多商家版 App 直播

（1）下载拼多多商家版 App，进入 App 首页，找到"多多直播"。如图 4-3 所示。

（2）点击进入"多多直播"，可以发现页面底部的三个按钮："一键开播""创建直播""上传视频"。

（3）点击"创建直播"，根据提示添加直播封面、直播标题，并且选择商品，然后就可以创建直播了。

（4）也可以选择"一键开播"，不需要复杂操作，直接开启直播。

2. 电脑端直播

拼多多在电脑端的直播和京东的操作相似，都是利用 OBS 推流，只是细节稍有不同。可以参照第三章中京东直播电脑端的操作方法。

图 4-3 拼多多商家版 App 直播

（1）进入拼多多的商家后台 https：//mms.pinduoduo.com/home/，找到"店铺营销—多多直播"。如图 4-4 所示。

图 4-4　拼多多商家后台

（2）点击"多多直播"，进入多多直播网页。如图 4-5 所示。

图 4-5　多多直播

（3）点击图中的"使用电脑端直播"，进入直播后台。如图 4-6 所示。

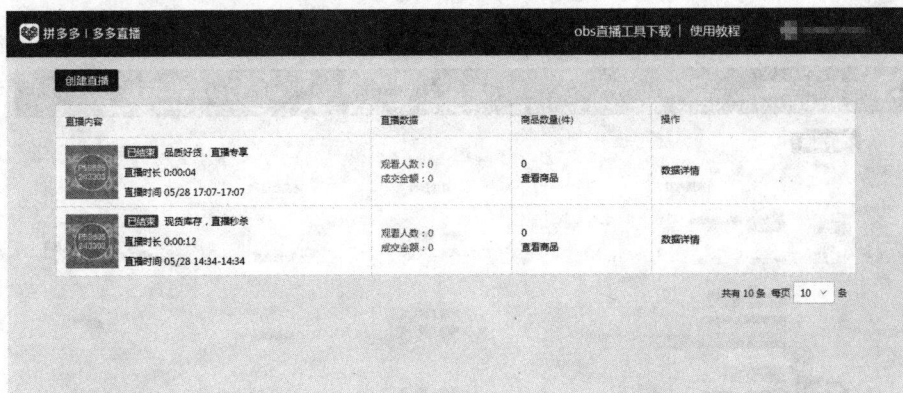

图 4-6 直播后台

（4）点击左上角的"创建直播"。

（5）填写相关信息，最后点击"创建直播"。如图 4-7 所示。拼多多直播最多可以添加 100 件产品。

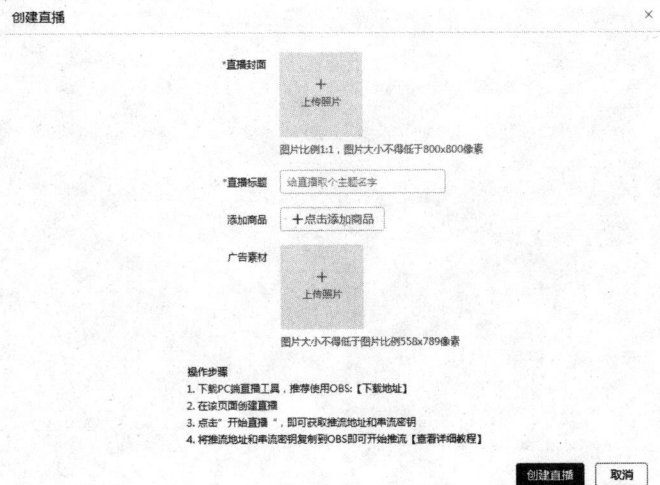

图 4-7 填写信息

（6）回到直播任务列表中，选择待播的任务，点击"开始直播"。如图
4-8所示。

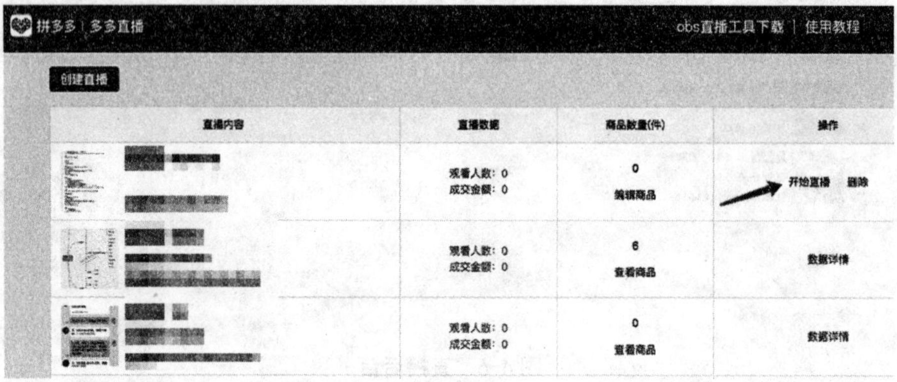

图 4-8 直播任务列表

（7）配置 OBS 的相关参数，将中控台服务器地址和串流秘钥等信息复制
到 OBS 中，点击"开始推流"，即可进行直播。

拼多多的开播技巧

拼多多直播的操作十分简单，玩法也比较丰富。熟练掌握一些小技巧，更有利于商品的传播，也能让顾客真实地了解商品的细节，为店铺带来更多的流量。

拼多多优惠券

低价拼团是拼多多长久以来的一项优势。在直播间内发放优惠券，可以最大限度地吸引用户的注意力。优惠券是直播时必不可少的营销利器，不仅可以吸引用户进入观看，还可以通过连续发放，让用户延长停留时间。更重要的是，在优惠券的刺激下，观众很容易立即下单。

拼多多直播优惠券有两种，分别是直播专享券（如图 4-9 所示）和直播粉丝券。

它们之间的异同点见表 4-1。

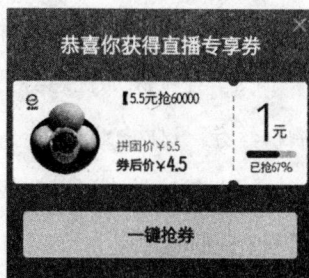

图 4-9　直播专享券

表 4-1　专享券和粉丝券的异同点

优惠维度	只针对单个商品优惠	只针对单个商品优惠
领券渠道	只能在直播间领取	只能在直播间领取

（续表）

	直播专享券	直播粉丝券
发放渠道	最多可授权 10 个直播间	只能授权 1 个直播间
面额区间	无要求	不低于 5 折，不高于 500 元
发放方式	提前设置好，自动展现在购物袋中，等待用户领取	主播需要主动在直播间发放，可设置领取时效
领券条件	无条件	需要关注并分享直播间
有效期限	主播可自主设置	主播可自主设置
券的用途	适合推单品，可迅速提升单品的销量	可以帮助店铺提高关注量，提升店铺及直播间的人气

发放直播优惠券的方法如下。

（1）打开拼多多商家版 App。

（2）在底部导航栏中点击"工具"，找到"营销—优惠券—添加—直播券"。

（3）在"添加优惠券"的界面中，我们可以看到"直播专享券"和"直播粉丝券"这两个选项。

（4）优惠券也可以授权给其他直播间，点击"授权直播间"，然后输入直播间 ID 即可。

（5）确认发放之后，可以看到距离开抢时间的倒计时，以及优惠券的剩余数量。

拼多多直播红包

拼多多红包和优惠券一样，都是发放给用户的福利。在直播过程中，随时提醒进直播间的朋友，点击"关注"并且领取优惠券和红包，可以极大地提升用户的购买兴趣。

那么，怎样发放直播红包呢？具体操作如下。

（1）打开拼多多，在底部导航栏中选择"聊天"。

（2）点击右上角的"我要直播"。

（3）进入拼多多直播界面，点击画面右方的"发福利"。

（4）设置金额和发红包的个数，点击"购买服务"。

（5）支付完成之后，就可以根据需要发红包了。

拼多多直播礼物

曾几何时，收取用户赠送的礼物是主播变现的重要途径，如今在拼多多直播上，主播同样可以收取礼物。目前，多多直播已支持商家在直播过程中收取礼物，该功能不需要商家申请开通。如果直播时无法收取买家礼物，建议检查商家版 App 版本，更新至最新版拼多多的商家版 App。

目前，消费者赠送给主播的礼物，主播可以提成 50%，不需要手续费，剩下的 50% 归平台所有，商家提现暂不需要支付手续费。

那么，主播该如何提现呢？

（1）打开拼多多商家版 App，在首页点击"多多直播"。

（2）点击右上角的"设置"按钮。

（3）点击"打赏赚钱"，进入"我的钱包"页面，即可看到"钻石收益"和"现金收益"。

（4）点击"去提现"。

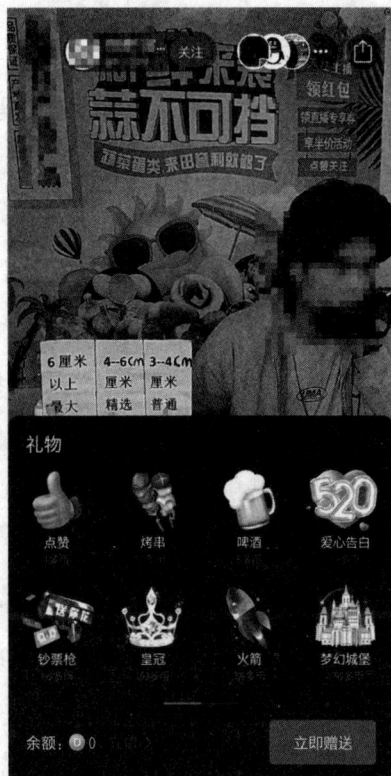

图 4-10 拼多多直播礼物

拼多多商家和主播

现在拼多多已经开通了直播带货，并且迅速获得了很多用户，但是拼多多还没有推出供商家和主播使用的广场，因此商家只能自己寻找主播，主播也只能自己找渠道带货。

商家寻找主播的几种方法

寻找主播其实并不难，关键是要从正规渠道找，以免上当受骗，或者发生纠纷，遭受损失。

1. 寻找达人主播

在抖音、快手等短视频平台上，以及 bilibili、知乎等网站上，活跃着很多播主和 KOL，他们大多拥有庞大的粉丝群体，或者在某一领域有很强的影响力。商家可以联系这些人，请他们来给自己的产品当主播。

首先，商家设置好直播 CPS 商品。然后，达人主播获取多多客 ID 及 PID，并下载拼多多 App，在多多直播中绑定 PID。最后创建直播间，添加 CPS 商品进行直播售卖。

在寻找主播的过程中，商家需要观察主播的风格是否符合产品定位。如果不符合产品定位，粉丝再多也无法提升转化率。

2. 寻找 MCN 机构

MCN 机构是专业孵化主播的机构，这些公司旗下通常拥有很多位训练有素的优质主播。商家直接联系 MCN 机构，可以节省大量的时间，而且质量有保障，当然费用也会高一些。

3. 在"多多进宝"中设置推广计划

商家可以打开拼多多商家版 App，在"多多进宝"中设置推广计划，吸引主播来带货。在此过程中，商家不需要和主播联系，只需要根据后台数据结算佣金即可。

邀请主播进行代播

拼多多直播平台的代播功能已经开放，利用这项功能，商家可以将主播的画面移到直播间内，这样既能实现带货，又能为店铺带来人气。

（1）打开拼多多商家版 App，点击进入"多多直播"，点击右上角的"设置"按钮。

（2）选择"代播管理"，进入代播授权页面，点击下方的"发起邀请"。如图 4-11 所示。

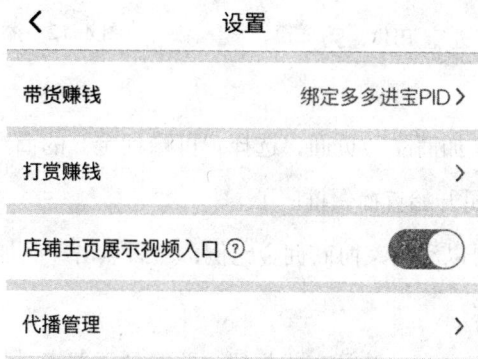

图 4-11 代播管理

（3）输入代播直播间 ID（需代播主播提供）、代播开始时间、代播结束时间。

（4）点击"发起邀请"即可。

个人主播赚取佣金

早年间，淘宝为了推广平台店铺的产品，推出了淘宝客的功能，规定只要用户能够通过文章、短视频、分享链接等方式帮助带货，就可以获得佣金。拼多多也有类似的功能，叫作"多多进宝"。除了省钱之外，用户还可以在拼多多上直播带货，这也是一种双赢的局面。

（1）打开拼多多 App，在底部导航栏中点击"聊天"。

（2）点击页面右上角的"我要直播"。

（3）在"直播设置"页面中，点击右下角的"购物袋"，即可进入"添加商品"界面。如图 4-12 所示。

（4）点击右上角的"我要赚钱"，绑定多多进宝 PID，方可提取佣金。

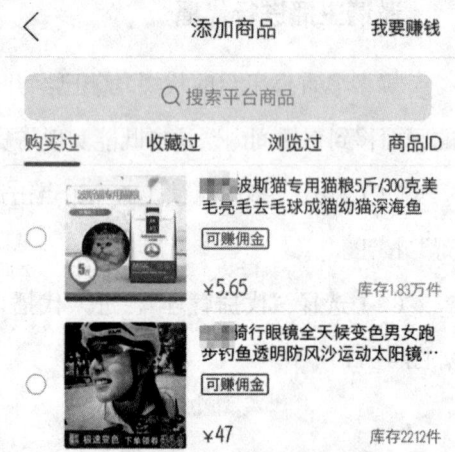

图 4-12　添加商品

（5）返回"添加商品"页面，选择"可赚佣金"的商品，然后点击"下一步"，确认后即可开始直播做推广了。

（6）主播也可以和商家协商佣金比例，然后点击"添加商品—商品 ID"，即可实现精准带货。

多多进宝和淘宝客的结算方式相似，要等到消费者付款并且确认收货满14 天，才会按佣金比例把钱款划到主播的账户中。

第五章 抖音直播：网红的变现渠道升级

　　直播是流量变现的强劲渠道之一，作为国内短视频平台的领军企业，抖音自然不会放过这个机会。2019年以来，抖音陆续出台了多项决策，大力推进直播板块的发展，例如签约罗永浩，推出巨量百应平台，完善商品供应链体系，以及扶持主播的"百万开麦"计划等。可以预见的是，伴随着直播市场的发展，抖音直播将会在国内市场上占据不小的份额。

　　在内容领域，抖音成为国内短视频市场的强大玩家，但是在电商直播领域，抖音还是一个新人。抖音直播的本质是内容平台的渠道升级，将流量更合理地转化为收益。

网红＋电商的蜕变之路

抖音是国内最大的短视频平台。随着淘宝直播的兴起，抖音也不甘落后，在直播领域全力追赶，如今已经在网上掀起了一阵热潮，获得了很多新用户。抖音直播的操作十分简单，但是目前抖音带货还未向所有用户放开，对作品数量和粉丝数量都有一定的要求。如果你是抖音的资深用户，拥有一定的粉丝数量，却苦于没有变现渠道，不妨尝试一下抖音直播。

抖音直播的升级之路

对于抖音来说，直播是一场升级之战。我们在前面介绍淘宝直播时，曾经提到做好淘宝直播的关键是人、货、场协调，其实这也是淘宝直播的优势。在营销理论中，人、货、场是必不可少的三个要素，而直播带货正是人、货、场在移动端的表现。淘宝本就是国内最大的电商平台，解决了货的问题；淘宝直播平台经过几年时间的运营，逐渐走向成熟，解决了场的问题；而淘宝主播的优异表现，吸引了大量观众，解决了人的问题。淘宝能够完整地打通三者，因此在这场直播带货大战中处于领先地位。

相比之下，抖音拥有广大的用户基础，还具有丰富的运营经验。据抖音官方数据统计，抖音日均活跃用户已达 4 亿，具备显著的流量优势，同时，抖音用户结构相对均衡，无论一、二线城市用户还是三线及以下城市用户，都具备相当的规模和体量，这一结构带来的直接结果是：抖音用户的平均消费能力相对较高，且消费的种类更多，包容性更强。但是抖音缺少稳定的供货渠道，所以迟迟没有开拓直播带货业务。

抖音直播是抖音在转型升级过程中面临的一次挑战，对众多抖音用户来说，也是一次机遇。随着直播带货功能的开拓，抖音官方和用户将会发现更多的机会。

头部网红直播带货的广告效应

自从诞生以来，抖音策划了很多次网络营销事件，例如摔碗酒、真人不倒翁等，取得了巨大的成功，带火了一批景点和人物。进入直播带货领域后，抖音延续了以往的打法，通过策划营销事件，在短时间内吸引人们的注意力。2019 年以来，抖音对直播业务投入了大量资源，其中影响最大、传播力度最广的当属签约罗永浩。罗永浩是互联网界的初代网红、创业者，号称最能说相声的 CEO，在网民群体中具有很高的知名度；抖音则是国内短视频平台的领军企业，因此这场直播营销可谓强强联合。

2020 年 4 月 1 日晚上 8 点，在许多人的期待中，罗老师正式开始了人生中的直播带货生涯。抖音官方数据显示，这场直播累计观看人数超 4800 万，订单量 50.8 万，单场销售额 1.1 亿元，音浪收入 335 万元。

从这场直播中，我们可以清楚地发现，抖音主播的营收分成了两部分：销售额和音浪。音浪就是抖音平台使用的一种虚拟币，体现了主播的影响力，可以转化为实际收益并提现。除此以外，知名网红还可以在广告投放平台上接单，赚取更多的费用。

用户结构决定抖音的带货品类

每个社交平台都会有自己的用户群体，掌握用户结构是进行营销推广的第一步。那么，抖音的用户结构是怎样的呢？

2020 年 2 月巨量算数发布的报告统计，抖音的 DAU（日活跃用户数量）最高超过 4 亿，其中男女分布较为均衡，年轻用户占大多数，35 岁以上用户只有4%，拥有大专、本科以及以上学历者占比过半。抖音的用户群体相对比较感性，容易出现冲动型购买。在他们看来，商品要有特质，要够新奇，好玩、好看、好用都很重要。而且因为互联网的特点，抖音实现了消费层级的维度跨越。

因此，在抖音直播上带货，应当尽量向抖音用户群体的消费习惯靠拢。例如，罗永浩在首场直播中，卖得最好的是3C产品和日用消费品。

抖音直播的操作指南

抖音直播的操作方法很简单，通过抖音 App 即可完成。下面我们就来看一看，抖音直播中有哪些值得注意的小细节。

抖音直播注册

（1）进入抖音主界面，点击屏幕下方正中的"+"号，进入"发布内容"界面。

（2）在屏幕下方的模式中，选择"开直播"，如图 5-1 所示。

（3）点击之后，即可开启直播。

（4）在"开始视频直播"的按钮下方，你还可以选择视频、语音、录屏、电脑等直播模式。

（5）抖音 App 中自带美颜功能。点击屏幕右方的"美化"图标，就可以根据自己的喜好进行调试。

发布直播预告

抖音直播可以直接开启，但是为了提升人气，最好事先设置预告。我们可以点击直播页面右方侧边栏中的"设置"按钮，然后便会出现"预告直播时间"的选项。如图 5-2 所示。

图 5-1　抖音开直播

图 5-2　发布直播预告

开通商品权限

抖音直播的方法很简单，但是要想直播带货，目前还有一些门槛，为此我们必须开通商品权限。

（1）进入抖音直播的主界面，在右方侧边栏中点击"商品"按钮。

（2）进入"商品橱窗"界面，可以看到"商品分享权限"，点击即可申请。如图 5-3 所示。

（3）如果只是作为达人主播为其他店铺带货，可以不开通抖音小店。当然，你也可以选择开通小店，为自己带货。

（4）开通"商品分享权限"之后，就可以在你的视频或直播间中添加商品，包括抖音小店、淘宝、京东、考拉海购、唯品会、苏宁易购等。

（5）开通"商品分享权限"有一定的门槛，你需要完成实名认证，并且满足个人主页视频数（公开且审核通过）≥ 10 条，账号粉丝量（绑定第三方粉丝量不计数）≥ 1000 个。

图 5-3 商品橱窗

DOU+ 上热门

DOU+ 上热门是抖音自带的营销推广路径，我们可以在抖音直播首页的右方侧边栏中看到。除了正常的系统推荐曝光，对于有一定预算的主播和商家来说，还可以通过 DOU+ 来提升视频的精准推送量，用付费的方式快速涨粉。

（1）进入抖音直播的主界面，在右方侧边栏中点击"DOU+ 直播上热门"按钮。

（2）进入 DOU+ 直播上热门页面，根据自己的预算和需求，选择相应的
选项，然后付费即可。

图 5-4　DOU+ 直播上热门

只要你的直播内容足够有创意，就有很大概率将这些流量转化为粉丝，
提高变现力。

音浪兑换收益提现

音浪是抖音 App 中的虚拟货币，来源于观众给主播的打赏。音浪越多，
人气越高，主播的收入也就越高。此外，主播还可以通过每天做任务获得少
许音浪。

那么，如何查看及兑换音浪呢?

（1）打开抖音 App，在屏幕下方的导航栏中，点击"我"，然后点击屏幕右上角的"三条横"图标，进入"更多功能"页面。

（2）点击"创作者服务中心"，点击"我的直播—主播中心"。

（3）在"主播中心"页面，找到"更多服务—我的钱包"，点击进入之后，便可以看到白己的总音浪和收入余额，并且可以提现。如图 5-5 所示。

图 5-5　抖音钱包

（4）在"主播中心"页面，点击"直播管理—直播间设置"，还可以设置我的管理员、屏蔽词管理、黑名单管理等。

巨量百应 Buy in：抖音直播运营平台

巨量百应是一款综合商品分享管理平台，它将作者、商家、机构服务商连接起来。这一平台的推出，大幅提升了抖音带货达人的运营和直播带货效率。

巨量百应的作用

为了保证交易安全，避免出现诈骗行为，各家电商直播平台对主播的行为都有明确的约束，其中一些行为是绝对禁止的，例如：展示商家地址、商家联系方式、二维码；在视频中植入硬性广告元素，如价格、打折；等等。

同时，电商直播平台还会推出一套专属的直播服务平台，供主播和商家使用，例如阿里 V 平台、京东内容开放平台等。2020 年 3 月 29 日，抖音官方正式对外推出自己打造的电商综合服务平台——巨量百应。

抖音、火山、头条、西瓜等平台的用户都可以使用这个平台。巨量百应具有以下功能。

（1）橱窗商品管理：支持多个电商平台的商品，包括抖音小店、淘宝、京东、考拉、唯品会、苏宁、网易严选、洋码头等。

（2）直播间商铺管理：支持达人在直播前、直播中通过电脑进行商品的添加、删除、调序、讲解。

（3）数据中心：帮助作者查看自己账号整体的交易数据情况。

（4）直播数据：将每场直播的数据直观地呈现出来，以便于快速做好用户画像分析，了解用户最喜欢的商品类型、价格、折扣等。

注册巨量百应

巨量百应是一个独立的网站，因此要想使用该网站提供的服务，首先必须注册账号。

（1）登录巨量百应官网 https://buyin.jinritemai.com/。

（2）点击首页上的"登录"，选择抖音账号、火山账号、头条账号或西瓜账号登录。

（3）根据自己的角色，选择达人、机构服务商、第三方商家或电商平台等进行注册。

图 5-6　注册巨量百应

（4）每一个身份的开通，都需要不同的要求。

（5）注册成功之后，便可以使用巨量百应的功能了。

蝉妈妈：视频流量变现平台

蝉妈妈（https://www.chanmama.com）是一款数据服务平台，能够为主播和商家提供专业的数据服务。蝉妈妈的数据服务非常详细，在直播领域就有直播库、明星看板、直播实时榜、直播商品榜、达人带货榜、土豪送礼榜、礼物收入榜等。

商家联系主播

（1）登录蝉妈妈官网，注册账号，并用微信扫描绑定账号。

（2）点击"直播—达人带货榜"，可以看到当前抖音主播带货的销售额排名。如图 5-7 所示。

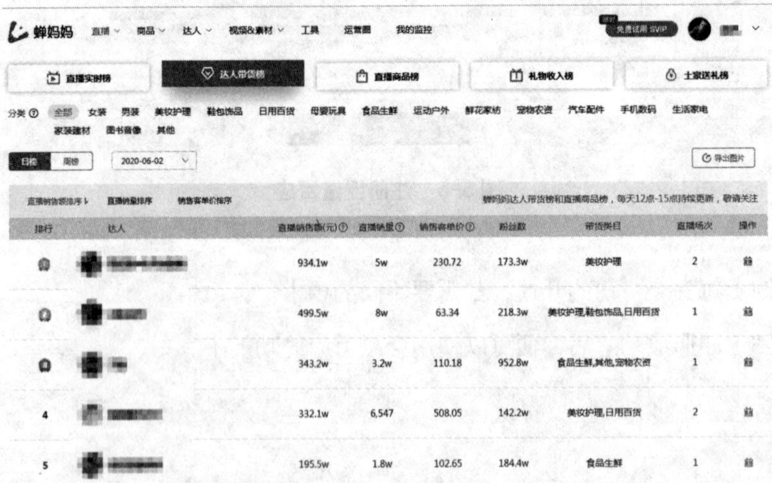

图 5-7　直播—达人带货榜

（3）点击其中一位主播，即可查看该主播的总粉丝数、总点赞数、总转发数等各项数据，还可以用抖音扫码查看主播的抖音号，然后联系主播进行合作。

主播查找带货商品

（1）点击"直播商品榜"，即可查看当前最受欢迎的商品。如图5-8所示。

排行	商品	价格（元）	直播销量①	直播销售额（元）	佣金比例	关联直播	关联视频
1	休闲食品零食小吃组合网红整箱夜宵	29.90	8w	238.8w	10.01%	121	192
2	垃圾袋家用手提式加厚抽绳收口大号实惠装背心式黑厨房拉圾塑料袋	3.93	2.7w	10.6w	60%	950	918
3	电动牙刷成人全自动声波防水软毛男女士学生党情侣牙刷	7.90	1.6w	12.9w	45%	700	352
4	【官方正品】3CE唇光口红 吃土南瓜脏橘色220 116 瓜O	79.00	1.6w	122.6w	3.1%	2	2
5	家用瑜伽多功能四股四管脚踏拉力器女拉绳脚蹬仰卧起坐瘦肚子健	29.90	1.5w	43.5w	0%	1	0

图5-8　直播商品榜

（2）点击其中一项商品，即可查看该商品的价格趋势、佣金比例趋势、淘宝月销量、抖音月销量、30日抖音转化率等数据。如图5-9所示。

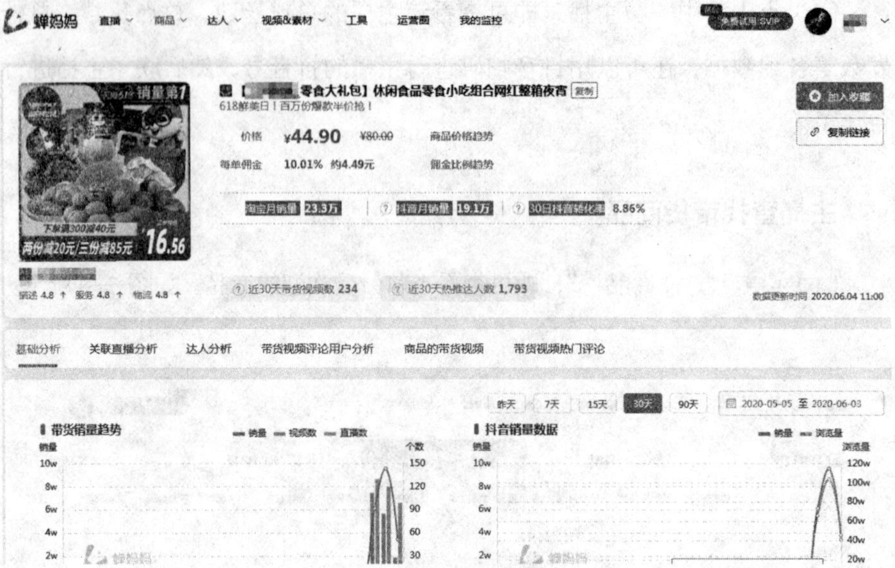

图 5-9　商品数据

（3）复制链接，添加进抖音的商品分享中，然后就可以直播带货了。

第六章　快手直播：初心不改，立足草根阶层

快手较早地进入了直播行业，并且开发了一套完善的供应链体系，让商家能够借助主播的名气提升销量，主播也能够借助商家将流量变现。时至今日，快手直播平台已经培养出了一些有代表性的头部主播，这些主播非常了解自己的供应链，并且拥有非常丰富的带货经验，因此可以实现稳定的带货业绩。

很多商家在直播的时候，一直在强调品牌的价值，却忽略了价格的力量，其实用户对价格是很敏感的。快手上的产品大多为日用品，如生活中常见的美妆、服装、零食等，客单价不高，大多在 100 元以下，又属于刚需产品。如果你有类似的产品供应链，就可以试试在快手上卖货赚钱了。

实力强劲的快手直播带货

在如今的电商直播领域，快手直播和淘宝直播、抖音直播是实力最强的三个平台，他们开发出了各具特色的玩法。

紧贴大众，奠定胜局

2020 年愚人节，电商直播界出现了淘宝、抖音、快手三方鼎立的局面。淘宝主播薇娅直播卖火箭，成为史无前例的活动；抖音签约了老罗，让老罗开启了带货直播首秀，吸引了上千万观众；快手主播蛋蛋全天带货交易总额超过了 4.8 亿。

一直以来，快手都给人一种自带"土味"，贴近农村和小镇生活的感觉，很少有人将它与电商联系在一起，但实际上快手在电商领域的积淀很深厚。

快手直播从 2017 年开始，就凭借着"打赏＋带货"的模式，在市场上杀出了一条血路。虽然起步时间并不算早，但是快手直播崛起的速度很快，用简单粗暴的打法，形成了与淘宝分庭抗礼的局面。

快手副总裁余敬中曾说，快手直播是快手的最大优势，直播日活跃用户超过 1 亿。如今，快手直播的边界正在被不断扩展，除了电商直播带货以外，在教育、新闻、娱乐、健身等各领域都开启了直播。

如今的快手直播仍处于高速发展期，玩法每天都在快速演变。淘宝直播完全属于电商带货，淘宝官方对此非常明确。快手直播则不同，主播是在秀场中进行电商直播，因此出现了很多挂榜、甩榜等秀场直播的玩法，初期可以通过这样的方式获得初始粉丝的积累。快手就像一个城市里的大广场，只要你独具特色，能够获得用户的喜爱，就可以站到舞台上来。你要了解快手主流人群的习惯，这样才能融入他们。

快手直播的老铁经济

接地气是快手的鲜明特色。很多快手主播都是在直播间说着闲话、喊着麦的时候，就把产品成功地卖了出去。追溯这种现象背后的原因，可以发现它与快手独特的社区氛围有关，老铁经济正是快手直播带货的基础。

有知名快手主播自称是"农民 CEO"，卖的产品有大米、鲜参、蜂蜜、牙膏、羽绒服等，这些产品原本处于供过于求的状态，但是在他的推销下，呈现出供不应求的状态。

快手主打的是下沉市场，因为快手的用户男女比例较为均衡，以三、四线以下城市用户占比最高，形成了独特的小镇风格。对于面向小镇用户的网红来说，快手直播是个很好的流量变现场所。平台的管理比较宽松，用户结构呈现多样化，因此无论什么产品，都可以在快手上找到受众。还有一个非常关键的点是，快手并不反对网红把流量"私有化"，例如导向自己的微信群、微博账号等。

在快手直播平台上，从主播到观众都默契地遵循着老铁文化这一不成文的规则，努力营造出一种亲切、和平、没有距离感的氛围。因此我们才会发现，主播们不会在直播间里喊"赶快下单"，而是会不厌其烦地强调"需要你就买，不需要你就不买"，通过这种理性的销售话术，与观众建立起极强的信任关系，也就是"老铁"。

搭建供应链，提升性价比

在快手上直播的产品要有极高的性价比，这样主播才能与观众建立起信任关系。由于快手的主攻方向是下沉市场，因此品牌并不是最重要的，性价比和实用性才是需要考虑的首要因素。主播需要告诉用户，为什么这款产品值得购买，为什么主播介绍的产品性价比更高。

想要成为一名优秀的带货主播，就必须解决供应链的问题，快手主播也不例外。那些优秀的快手主播大多拥有成熟的供应链系统，在工厂、原产地、商家之中，至少能和一个建立联系。比如，很多快手主播会在直播中展示自家的果园、店面和工厂，这种直接展现产品源头、产品产地的卖货方式，可以让用户对产品有直观的了解，从而提升他们对产品的好感度和忠诚度。

此外，快手官方也在组建自己的供应链体系。快手通过建立直播基地的方式，招揽商家和主播，协调二者进行配对，达到了三家通赢的局面。例如，快手创建了一个名为"快手见宝"的专题，专门为珠宝玉石产业服务。珠宝玉石商家如果想与快手进行合作，就需要得到官方的认证和背书，然后就能以"靠谱货"的形象面向消费者，这样能极大地提升转化率与复购率。

快手直播的注册流程

快手直播的注册流程和开播方法与抖音直播相似，二者都将直播融入短视频 App 中。不需要下载其他软件，只需打开短视频 App，就可以进行注册和直播。

开通快手直播

（1）打开快手 App，点击屏幕首页左上角的"三条横"图标，进入下一个页面。

（2）点击右下方的"设置"按钮，如图 6-1 所示。

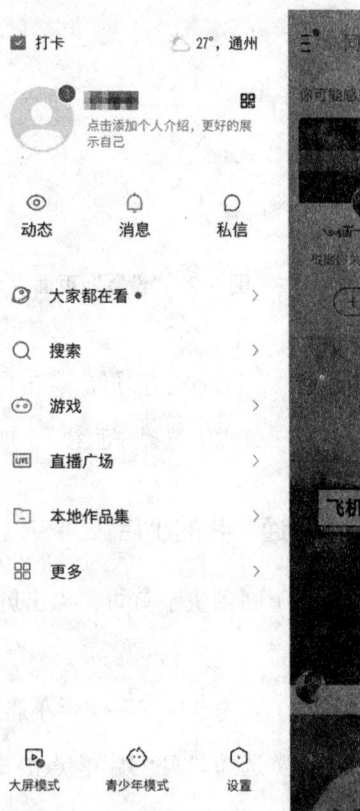

图 6-1　"设置"按钮所在页面

（3）进入"设置"页面，点击"开通直播"。如图 6-2 所示。

（4）进入"申请直播权限"页面，满足所有条件后，即可打开直播权限，开启功能开关，在拍摄视频页底部会出现直播功能。如图 6-3 所示。

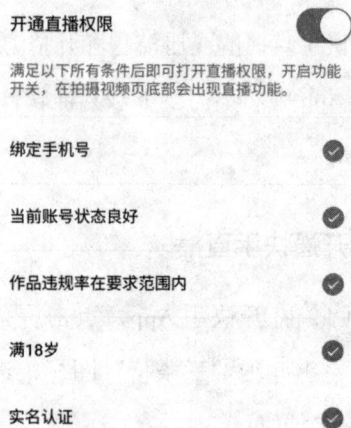

图 6-2　"设置"页面　　　　　　图 6-3　申请直播权限

（5）回到快手首页，点击屏幕右上角的拍摄按钮，即可进入拍摄画面。在底部导航栏中选择"直播"，即可开启直播。如图 6-4 所示。

开通"我的小店"

（1）回到快手首页，点击屏幕左上角的"三条横"图标，进入快手"设置"页面。

（2）点击"更多—快手小店"，进入"快手商品"页面。

（3）选择"卖家端"，点击"0 元开通"。如图 6-5 所示。

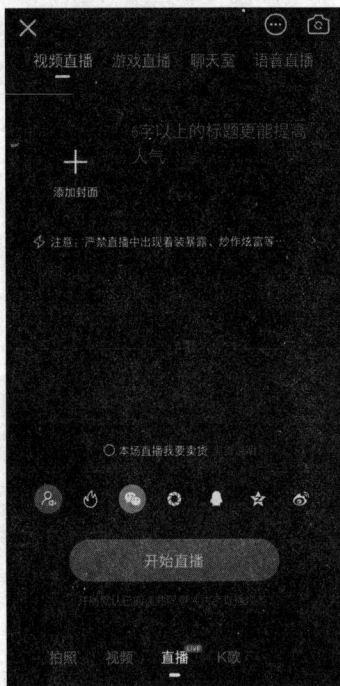

图 6-4　开启直播

图 6-5　卖家端

（4）注册完毕之后，分别完成添加商品、商品管理、订单管理、地址管理等选项。

（5）如果已经有其他电商平台的店铺，也可以直接点击"其他平台商品—添加商品"，然后提交第三方平台的商品链接。

（6）进入直播拍摄画面，找到"本场直播我要卖货"，勾选之后即可开启带货。

快手直播的开播小技巧

设置主营类目

开通快手小店之后，首先要学会设置主营类目，它将为你的直播间设定一个清晰的风格和形象，让人们能够清楚地记得你的店铺里卖的是什么类别的产品。那应该如何设置呢？

（1）点击首页左上角的"三条横"按钮，进入 App 管理页面，选择"更多—快手小店"，进入快手小店卖家端。

（2）点击"快手商品—商品管理"，便可以看见在售、正在审核和已下架的商品。

（3）没有开通快手小店的主播，可以选择"其他平台商品—商品管理"。进入界面之后即可设置主营类目。

为快手小店添加商品

如果你是快手小店店主，可以自己上传商品。步骤如下。

（1）点击"快手商品—添加商品"，然后填写商品类别，拟写商品标题，上传商品图片，填写商品详情等，并填写库存和单价。

（2）点击"预览商品"，即可看到商品页的效果。

（3）点击"提交审核"。如图 6-6 所示。

如果你没有开通快手小店，也可选择添加其他平台的商品。操作步骤如下。

（1）回到快手卖家端页面，点击"其他平台商品—添加商品"。

（2）打开其他电商 App。快手目前支持拼多多、有赞、魔筷、京东、淘宝等平台。

（3）选择想要带货的商品。以淘宝为例，点击"分享按钮—复制链接"，即可复制淘口令。

（4）回到快手添加商品页，在商品链接处粘贴淘口令，并填写商品名称、商品类别。如图 6-7 所示。

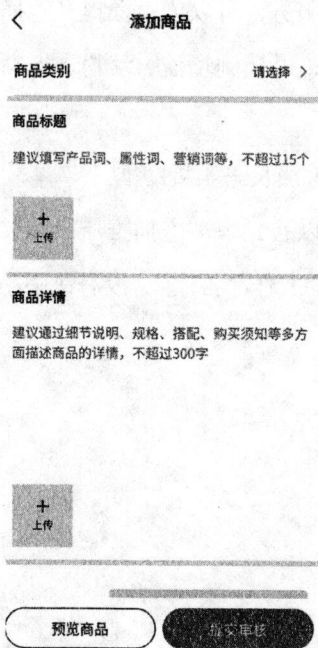

图 6-6　快手小店添加商品

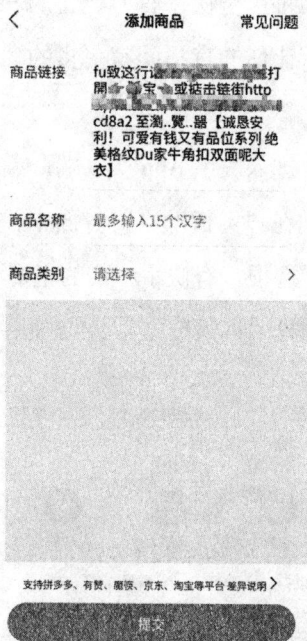

图 6-7　添加第三方商品

在快手上寻找带货商品

除了可以自己添加商品以外，我们还可以在快手上选择商品，然后进行带货，赚取佣金。

（1）进入快手 App 卖家端，点击"其他平台商品—选货中心"。

（2）进入选货中心，可以看到快手、淘宝、京东等平台的各种商品。如图 6-8 所示。

勾选"优惠券"，即可查看有优惠券的商品；滑动中间的导航栏，可以查看推荐、美妆、个护、女装等更多品类；也可以点击上方的搜索栏，输入自己想要带货的商品类型。

购买官方广告推广

直播推广是快手官方设置的一项增值服务，可以为主播提升直播间的观看人数，让你的直播间有更多的曝光机会，以达到增流、涨粉、提高收入的目的。

（1）进入快手 App 卖家端，点击"商家成长—卖货助推"。

（2）在"卖货助推"界面中，我们可以看到有"直播推广"和"作品推广"两个选项。有快手小店的主播可以选择"作品推广"，没有快手小店的主播可以选择"直播推广"。如图 6-9 所示。

图 6-8　选货中心

图 6-9　卖货助推

（3）点击"直播推广"，进入直播推广页面，输入期望增加的观众数量，以及每位观众的推广费。如图6-10所示。

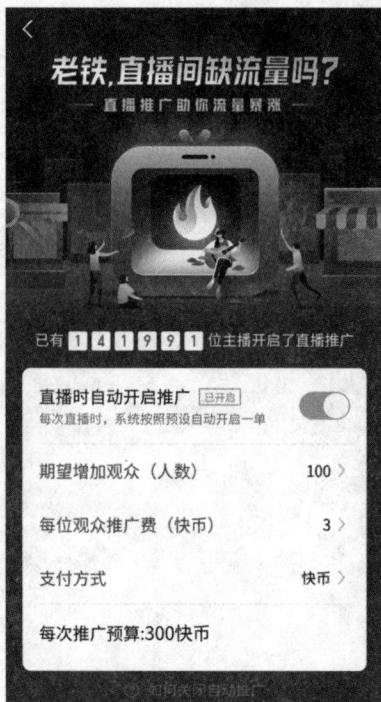

图6-10　直播推广

（4）输入上述数据之后，快手便会在你直播的时候，自动为你推广引流，同时完成扣费。

直播打榜，提升人气

提升快手直播间人气的方法有三种。

第一种方法是持续更新快手短视频内容，积累大量的粉丝。

第二种方法是在快手官方购买推广引流服务，也就是前面讲过的内容。

第三种方法是打榜。大 V 或网红主播每天直播时会在指定时间连榜和甩榜。对于礼物打赏最多的榜一，大V或网红就会说"榜一连麦"或者"给榜一点点关注"，用这种方式把粉丝导到主播的直播间下单。

打榜的好处是粉丝定位精准，主播可以根据自己的需要，选择相对应的大V或网红打榜，例如卖女装的主播，可以寻找女性粉丝较多的网红打榜。

第七章　参与直播营销的各类人员

　　直播营销的核心价值，就在于它吸引用户注意力的能力。在 2020 年初新冠肺炎疫情的推动下，直播已经成了人们娱乐的新方式，也成为企业营销的新渠道。因此 2020 年将是直播快速发展的黄金期。

　　直播营销的快速发展，吸引各大平台纷纷"下场"，开启或进一步拓展自家的直播事业，其中较为知名、影响力较大的有淘宝直播、京东直播、拼多多直播、抖音直播、快手直播等。同时，也有很多行业的人开始进军直播领域，其中包括专业的带货主播、知名度高的影视明星，以及默默无闻的普通人，他们都为直播事业的发展，付出了辛勤的汗水。

传统媒体：积极拥抱新渠道

移动互联网兴起之后，传统媒体如临大敌，其市场资源被新兴的媒体蚕食，旗下的知名主持人也纷纷跳槽，使得很多传媒企业的经营陷入困境。为了不被时代的浪潮淘汰，很多传统媒体也在积极转型，找寻出路。

传统媒体面临转型难题

我们常说"用户是上帝""一切以用户为中心"，这两句话几乎已经成为营销界的真理，但在现实生活中，说到不等于做到。实际上，很多行业并未按照这两句话去做，尤其是在社会急剧变化的时候，就更加考验企业的转型能力了。

虽然互联网是虚拟世界，但如今互联网已经渗透到生活的各个方面，它已经和水、电一样，成为必不可少的基础设施，对人们的生活产生了巨大的影响。在互联网的世界里，信息是互联互通的，一条信息只需要很短的时间就可以传遍整个世界，传统媒体的职能在很大程度上被取代了。于是，社交网站越来越受欢迎。

在技术进步的过程中，传统媒体却遇到了很多难题，其中包括用户的流失，以及没有找到新的盈利渠道等。新媒体对报纸、电视台、电台等传统媒体的挤压几乎是全方位的，就连曾经风光无限的电视台也面临着收视率连年下滑的窘境，更别提报纸、电台了，广告商们更愿意把钱投向网络。

央视积极拥抱直播

近几年来，直播带货的热潮让人们看到了一条崭新的变现途径。作为传统媒体的代表，中央电视台选择积极转变角色，与商家共同建设渠道，扩大影响。央视做了多种形式的带货直播，试图在万分激烈的互联网市场中重新定位自己，重新找到支撑的力量。

2020 年 5 月 1 日，央视新闻和国美合作开办了一场线上带货直播，由康辉、尼格买提、撒贝宁和朱广权四位央视主持人组成"央视 boys"组合，进行直播带货，为受疫情影响严重的地区推销产品，他们还给这次直播带货起了一个很有意思而且非常贴切的名字——权来康康，撒开了买。仅仅三个小时，这次直播的成交额就超过了五亿元，累计观看人数超过 1000 万。

和普通的直播带货相比，这次直播的趣味性和专业性更高。一方面，央视和国美强强联手，为这次直播做了充足的准备，就连直播场地也是选在了国美商场的门店，空间够大，各种家用电器应有尽有，直播更有沉浸感。另一方面，央视主持人都是专业的播音主持人，具备超强的直播控场能力，能让一场普普通通的带货直播呈现出精彩纷呈的效果。在直播前的准备阶段，央视新闻在抖音上还放出了一段短视频。这段短视频的内容是，康辉看台本时，朱广权开玩笑称："我觉得我们不会按照台本走，我们四个人这直播，一定是史上'最失控''最混乱'的直播。"看了这样的短视频预告后，粉丝对后面的直播也就更期待。

通过这一次直播带货，人们再次看到了央视的巨大影响力和号召力。这次直播的成交额甚至超过了很多网红主播在"双 11"全天的战绩。

传统媒体做直播的两大优势

直播带货是一种崭新的营销模式，它和传统媒体其实并不是互相排斥的关系，传统媒体也可以做直播带货，央视这次的成功已经证明了这一点。相反，传统媒体做直播带货，会比普通人拥有更多独特的优势。

1. 传统媒体擅长传播信息

说起带货主播，我们能够想到的主要是网红、销售和网店店主，他们具备一定的销售经验。相比之下，传统媒体从业者更擅长传播信息。因为传统媒体从业者曾经系统地学习过信息传播的知识，所以他们在直播间里能够很快摸索出观众喜欢什么，也就能更有针对性地改进自己的话术和直播风格了。

2. 传统媒体具有强大的传播渠道

建立宣传渠道原本就是传统媒体的强项。包括线下海报、报纸广告、电视广告等，传统媒体早已建立了一套严密的宣传渠道。直播带货虽然很火，但是一味坚持线上宣传，效果终究是有限的。如果能够和传统媒体进行合作，就可以实现线上线下全方位宣传，能够产生非常强大的传播效果。

网店经营者：多渠道引流和变现

对于网店的经营者来说，店铺运营真的不是一件容易事。网店经营者首先需要学会基础的运营方法，包括开直通车、数据分析等，更重要的是学会引流，招揽顾客，这样才能提升业绩。现在的直播营销对于网店而言，具有引流和变现的双重作用。

网店经营遇到引流困局

曾几何时，开网店是一条致富之路，甚至掀起了全民开网店的热潮，但是网店电商并不是那么容易做的，在许多店铺光鲜亮丽的背后是更多店铺的寂寂无闻。

在电商爆发期，开网店有很多好处，比如成本低、易引流等。最早吃螃蟹的人中，有很多获得了成功。但是经过十几年的发展，电商早已渗透到人们的生活中，大大小小的电商平台和网上店铺都在竭尽全力争抢人们的注意力，网店经营者遭遇了严重的引流困局。电商获客越来越难，原先较低的运营成本也开始水涨船高。仅靠传统电商平台里原先那些付费引流手段，要么容易被判违规，要么很难满足商家对流量的需求，入不敷出的引流模式也为商家的生存带来了巨大的隐患。

直播带货掀起引流热潮

作为一种崭新的营销模式，直播带货瞬间吸引了很多消费者的注意力，这些流量汇集到一处，自然也会成为电商争夺的战场。也有人怀疑直播带货的作用，认为它不会给电商的长远发展带来多大的作用。但是对于大多数商家而言，跟随发展的大趋势才是王道。电商永远都会有机会，关键要看你能不能顺应时代的潮流进行优化。

自从直播带货出现以后，很多品牌经营者凭借敏锐的嗅觉，发现了潜藏的商机。他们积极入场，取得了很好的效果。

小仙炖是一家鲜炖燕窝品牌，创立于2014年，虽然经营历史并不算长，但是企业成长速度很快。2019年"双11"，小仙炖也借着直播营销的东风，开启了线上销售的尝试。从11月4日开始，小仙炖每天都在淘宝直播开启带货，甚至连小仙炖的创始人林小仙也亲自上阵，她每晚8：00-11：30都会出现在直播间，与观众面对面沟通，每晚观看量均达到1万多次，热度居高不下，小仙炖旗舰店在淘宝直播11.11品质冲榜日的热度排行榜中一度冲到了第7位，超过了雅诗兰黛、雪花秀等美妆大牌。同时，小仙炖还成为天猫、京东两大平台燕窝单品销量冠军，全网销售额达到1.3亿，同比2018年"双11"增长302%。

直播带货对网店的好处

直播带货对网店有好处吗？这是毋庸置疑的，你付出了营销成本，就肯定会有收获。我们可以从消费者和网店这两个角度来看。

对于消费者而言，通过观看直播带货可以对产品有更深入的了解。在直播的过程中，主播会对每一个上架的商品进行直观、生动的介绍。消费者可以通过主播的介绍，分析商品的优点与缺点，然后再决定是否下单。另外，在直播间购买商品时，很多主播都会发放优惠券，这也会吸引用户观看直播。

对于网店来说，直播带货目前正处于发展阶段，还有很大的市场空间，越早入场就越有机会成功。如今线上销售兴起，企业商家纷纷寻找、开辟自己的稳定电商营销渠道。各大电商平台也为卖家和买家日益优化服务，促进平台流量不断扩大。不少新手店铺，通过直播带货这一新渠道获得了较大的流量，甚至超过了很多老店。

　　总而言之，网店经营者要及时了解市场的变化，了解最新出现的各种营销玩法，只有这样才能更好地跟紧时代的步伐，同时利用好自己的优势，做好产品宣传和推广。

品牌商：利用直播扩大影响力

如今直播已经成为一种流行趋势，除了传统的淘宝直播、抖音直播、快手直播外，京东、拼多多、B 站都开放了直播功能，甚至 QQ 音乐、网易云音乐这类音乐类产品也正发力直播。直播营销的快速发展，除了平台的努力以外，还离不开用户和品牌的深度参与。

品牌 + 直播才是王道

当下，直播已经成为一种新的品牌营销方式，任何品牌在进行推广时都不能忽视直播的力量。事实上，在新冠肺炎疫情期间，实体市场受到打击的情况下，大量品牌通过直播的方式实现了快速增长。

很多品牌运营商早就已经嗅到了商机，他们很早就在积极参与直播，并且在淘宝直播、抖音直播等平台上创建了直播间，或者寻找相应的主播。可以预料的是，未来将会出现众多品牌竞相开启直播的景象。品牌投入越大，主播和 PGC 代理商生产优质内容的动力就会越强。

2020 年以来，各大直播平台纷纷加大投入，邀请影视明星和网络红人参与带货，获得了极高的关注度。而各大品牌的纷纷加入，使竞争更为激烈。例如，罗永浩在宣布了加入抖音直播的消息以后，很快就登上网络热搜。罗永浩的直播间更喜欢和品牌商合作，能够入选初播名单的品牌必然非同一般，在品牌实力、产品服务、性价比等方面具有一定优势。

有这样一句话："用户在哪里，营销就应该出现在哪里。"意思是，商家必须以客户为中心，跟着客户的脚步走。今天有大量的消费者通过直播购物，因此直播已经成为品牌商必须认真考虑的一种营销手段。事实上，已有大量的品牌通过直播实现了业绩的快速增长。

对于大多数品牌运营商而言，处理货品数据是他们的专长，但是在直播营销方面，他们是新手，不仅缺乏直播操作能力，也不了解相应的理论知识，而且培养淘宝直播室的网络主播也需要一大笔费用。要训练出一名合格的主播，至少需要数万元的培训费用。因此，很多品牌商更倾向于与专业的达人主播或者直播室培训机构合作。

参与直播营销的品牌商

1. 小米 10 新品发布会

作为一家互联网企业，小米公司对新媒体的使用可谓得心应手，多次利用网络营销取得了很好的效果。2020 年 2 月，由于新冠肺炎疫情的影响，小米官方取消了在线下开发布会的惯例，转而采用线上直播的方式，召开小米10 手机的新品发布会。这也是典型的直播带品牌，这种方式很可能在未来成为主流。

雷军也在微博中表示："这是旗舰手机第一次纯网上直播发布会，难度非常大，大家有啥建议？"

与以往的电商直播不同的是，小米此次直播的主要目的是品牌营销，而不是带货，这也是小米高明的地方。品牌直播不是一件稀奇事，但是将新品发布会和直播带货联系在一起，就能够吸引很多人的注意力。

2. 美宝莲纽约直播矩阵

2020 年 4 月 14 日，美宝莲纽约举办了一场新品发布会。在微淘上，美宝莲纽约邀请代言人 Angelababy（杨颖）进行直播，与众多观众见面，与此同时还邀请了 50 位网红在多个平台直播化妆的全过程，形成直播矩阵。最终的成绩证明，这种方式非常有效。该活动使美宝莲当天的官网访客比前一天增长了 50.52%，而且销量也很不错，仅仅一天就卖出了 10607 支唇露，刷新了天猫彩妆唇部彩妆类目下的纪录。

3. 爱逛直播的带货潮

爱逛直播是一款小程序，商家在有赞后台就能授权开通。凭借着边播边卖、无缝衔接等优势，爱逛直播获得了诸多品牌商的青睐。例如：TCL 在 2020 年 2 月 20 日发起一场大型直播活动，实现单场直播带货近 1000 万元；雅戈尔在 2020 年 3 月 7 日的一场直播活动中实现销售额 600 万元；2020 年 2 月，王府井在疫情期间积极推动直播带货，线上单店单月销量突破 1000 万，单场最高销量超 200 万。

品牌商如何抢占直播红利

在直播带货发展得如火如荼的今天，品牌商该如何做呢？

1. 组建直播运营团队

品牌商需要组建自己的直播运营团队，专门负责直播营销任务。一个完整的直播团队通常包括以下五类人：主播导购，场控和助理，内容策划，数据运营，摄影、化妆和设计。在起步阶段，一些人也可能身兼数职，或者把一些工作委托给专业机构。

2. 了解平台特性

需要注意的是，每一个直播平台都有自己的用户群，这些用户群都有着独特的标签和特征，对某一类文化或者行为感兴趣。所以在入驻直播平台之前，品牌商必须了解各平台的特点，根据平台的用户特点进行定制化设计，优化主播的话术及内容创作方向。

3. 打造专属的直播 IP

在直播带货中，当用户对主播表示信任时，就更容易提升流量转化力，从而获得更高的销售业绩，所以品牌商也可以打造自家的专属 IP。一个优秀的 IP 对于品牌的提升效果是不可估量的。

网红大 V：搭上流量变现的快车

在直播带货方面，网红天生具备一定的优势，他们更懂得如何"讨好"观众，又自带流量，因此有很多网红也参与了直播带货。也有一些人是在做直播带货的过程中，慢慢变成了网红。总之，网红和带货天生就是一对。

参与直播带货的网红大咖们

1. 薇娅

薇娅是目前淘宝直播的顶尖带货主播。事业上的巨大成功，也让她顺利进入人们的视野，成为一名超级网红。薇娅起初是娱乐圈的小明星，拍过广告片，主持过娱乐节目，后来转行成为一名淘宝店主，因为惨遭失败，甚至不得不卖房周转。2016 年 5 月，薇娅开始做直播，由于赶上了淘宝直播的红利期，几个月之后，场均观看人数就达到了 80 万，引导成交额超过 1 个亿，并且顺利包揽了 2017 淘宝直播盛典"最受粉丝追捧主播""最具商业价值主播"等六项大奖。如今，薇娅已经成为直播带货界的头号主播，经常刷新带货纪录，成为时代发展的一个标志。

2. 黎贝卡

黎贝卡曾在《南方都市报》担任记者，后来转型成为一名时尚博主，创办自己的时尚公众号"黎贝卡的异想世界"，专门介绍高端女性消费品，包括包包、饰品、鞋子等，给粉丝留下了深刻的印象，被称为"买买买教主"。作为一个头部时尚号，"黎贝卡的异想世界"拥有庞大的粉丝群体，并且具有极高的转化率。例如，"黎贝卡的异想世界"与宝马独家合作，在 4 分钟内就卖出去 100 台 MINI 限量版，平均 29 万元 / 台，50 分钟内完成付款交易。直播带货火了以后，黎贝卡也开始尝试直播，但是她并没有冒进，而是稳扎稳打，先在抖音、淘宝直播、B 站上开设账号，重点仍然放在内容上。

网红大 V 如何带货？

虽然网红大 V 在自己的专业领域内积攒了大量的人气，但是直播带货是另一个领域，想要成功并不容易，网红大 V 转行直播带货翻车的也屡见不鲜。那么，网红大 V 该如何做呢？

1. 从话术到心理学

光有粉丝和流量，还不足以成为一名出色的带货主播。带货主播同时具有网红和销售员双重身份，需要具备优秀的销售能力。主播必须了解一定的销售心理学知识，懂得用户的心理，了解他们对产品会有怎样的看法和意见，同时还要有意识地训练带货的话术。

2. 具备专业性

主播必须对商品的方方面面都有所了解。要做到这一点并不容易。事实上，大主播通常都有自己的直播团队，这些人要从专业的角度去为商品做分析，然后反馈给主播，由主播决定如何去介绍。他们有非常详尽的商品信息描述和台本，且已做足功课，画出重点，现场的货品和道具等也都已准备好。在晚间直播结束后，团队成员要进行复盘，然后进行第二天的选品等，通常都要工作到凌晨。

3. 保证产品质量

直播营销的核心是产品。只有产品的质量有保障，能够满足用户的期望，直播才能长久地持续下去。李佳琦曾说自己的 QC（质量管理）团队成员都是研究生，他们对口红产品的筛选极为严格，据说通过率只有 10%。从众多品牌中挑选出的容易成为爆款的产品，还有可能在直播中得到李佳琦的差评。真正合格的带货网红，会饰演一个比用户更挑剔的角色，毕竟他的每一次直播都是在用自己的声誉做代言。

企业家：用直播塑造个人品牌

在火热的直播大潮中，我们会发现很多年长的企业家也纷纷露面，试图依靠新媒体的力量走近年轻群体。从某种程度上来说，这也是他们塑造个人品牌的一个过程。

企业家亲自上阵直播带货

1. 董明珠

2020 年 4 月 24 日，一向以实体经济企业家的形象示人的董明珠，也开始进军网络，在抖音直播间完成了自己的直播首秀。此次直播的地点选择在格力总部全新的展厅内，董明珠和主持人一起在展厅内进行走播，为观众逐一介绍准备好的格力产品，包括洗衣机、电冰箱、机器人、洗碗机、电饭煲，甚至还有格力口罩。

2. 梁建章

梁建章是携程公司的创始人兼董事局主席。2020 年 3 月，梁建章亲自上阵，在三亚进行了一场直播带货。由于是第一次直播，梁建章显得有些拘谨，但是这次体验让他上了瘾，很快他就又开始了一场直播。此后的几个月内，梁建章接连进行了十几场直播，在所有有直播带货经历的企业家中，这是一个很大的数字了。在接到任务的一瞬间，携程的市场营销团队就开始进行直播策划、线上开发和线下执行，在 24 小时之内完成台本策划、场控、货架选品、抽奖、推广、风控、预播等环节，形成了一套熟练的流程。

3. 王俊洲

2020 年 6 月 7 日，国美联合央视举办了一场直播带货，由央视主持人尼格买提为海尔、海信、美的等众多品牌带货，国美总裁王俊洲也参与了这场直播。在直播过程中，王俊洲为国货代言："我家的家电现在都是国产品牌，现在用的冰箱是卡萨帝，空调是美的，洗衣机是海尔，这也说明中国品牌已经获得了国人的认可。"

为何企业家们都爱上了直播

很多企业家在直播中的表现非常一般，甚至显得手足无措，语无伦次，但是他们仍然站了出来。很多人感到疑惑：为何企业家们就像商量好了一样，纷纷出来做直播呢？花钱请网红主播不行吗？

其实，企业家们这样做是有原因的，这是经过深思熟虑之后形成的共识，而不是某些企业家的个人冲动。如今，直播带货已经成为一种趋势，无论企业家们是否愿意，他们都将面临直播的挑战。为了活下去，他们选择亲自面对挑战。

尤其是 2020 年，受新冠肺炎疫情的冲击，大多数线下企业遭受了重创，很多企业的收入几乎归零。相比之下，以直播带货为代表的线上经济反而迎来了高潮。面对这样的局面，企业家们被迫涌向直播，拥抱带货。

但是请网红主播并不能解决所有问题，一个突出的问题是如今的直播带货大多是靠优惠促销来提升销量的，短时间内流量暴涨，但是品牌的利润并没有增加，并不能提高用户的复购率，因为直播间里的用户是主播的忠诚粉丝，而不是品牌的忠诚粉丝。

另外，直播带货的成本也是非常高昂的。商家要想请网红主播带货，往往需要付出高昂的坑位费。一些头部网红的坑位费甚至高达二三十万。即便是拥有当红品牌的企业家，也不可能对这些钱无动于衷。

在北京大学国家发展研究院教授陈春花看来，企业家直播带货是件值得称赞的事情，尤其是在危机期间，企业家亲自站在镜头前，可以起到很好的示范作用，能够激励人心，让组织高效地运转。

　　综合考虑之下，企业家们决定亲自上阵，用自己的知名度为企业带来一点流量，同时他们也可能是想在活动中慢慢摸索直播的玩法和规律。

影视明星：在直播间客串销售

如今，直播带货受到全民关注，连影视明星也跨界玩起了带货。一些明星还亲自上阵，并取得了很好的成绩，丝毫不输给头部主播。

直播带货的明星们

1. 刘涛

在阿里巴巴集团的邀请下，刘涛出任聚划算首席优选官，并于 2020 年 5 月 14 日晚，在聚划算的官方直播间里首次开播。刘涛在"聚划算百亿补贴"活动本就优惠的价格基础上再砍价，这使得她有了"刘一刀"这个花名，她让 iPhone11、戴森吹风机、53 度飞天茅台、椰子鞋等都给出了超低的折扣和优惠。在直播中，超过九成的"尖货"一上架就被秒光，光是补货就有二十多次。最后，直播的成交额达到 1.48 亿，创下全网明星直播的新纪录。许多网友在观看直播时，纷纷感叹："涛姐真专业。"

2. 胡歌、桂纶镁

2019 年 12 月 6 日，为了宣传新上映的电影《南方车站的聚会》，主演胡歌和桂纶镁来到了李佳琦的直播间，亲自售卖电影票。一边是当红影视明星，一边是超级带货王，这个组合可谓实力强劲，实际上也确实如此。当工作人员将链接上架之后，仅仅过了五秒钟，就售出了 10 万张电影票，六秒钟过去以后，这个数字刷到了 25 万张。胡歌与桂纶镁听到后露出了一脸不可思议的表情，亲自见证了直播带货的魅力。

3. 王宝强

2020 年 5 月，王宝强也做了一次直播带货，为河北老家的村民们推销当地特产，而且整个活动都是公益性质，不收取佣金。由于是首次直播带货，王宝强显得有些拘谨，出现了几次失误，在与嘉宾连线环节，他几乎一言未发，直到主播提醒才反应过来。在直播过程中，王宝强老家的镇长也出现在了直播间里，这让王宝强又惊又喜，赶忙起身让座。

4. 黄渤

黄渤是出了名的高情商演员，经常参与各种活动，有很多粉丝。2020 年 5 月 4 日，东方卫视举办了一场"五五购物节"，其间邀请了黄渤、江疏影等明星嘉宾参与带货，为观众抽取跨店满减券、百亿补贴魔都大礼包等一系列福利。

5. 李湘

李湘是一名主持人、影视演员、制作人，如今她也开设了自己的直播间，并且把微博名字改成了"主播李湘"，还邀请了好友赵薇、黄奕等人前来助阵。李湘的带货能力非常强，位于头部主播之列，在带货明星中是佼佼者。

明星参与带货的三大原因

明星参与直播带货已经成为一股风潮，但是很多人还没有完全接受，甚至有人觉得明星们这是自掉身价，甘心与网红同列，是过气的象征。事实当然并非如此，直播带货隐隐有全民流行的趋势，就连政府官员也亲自下场为当地农产品等直播带货，明星们参与直播带货也在情理之中。从现实的角度来说，明星带货主要有以下几点原因。

1. 舆论心态的变化

2019 年，柳岩参与了一场快手直播带货，卖力地喊着"老铁"，最终两小时里卖出 18 款商品，销售额达到 1500 万元，这已经是个非常好的成绩了，但是当时很多人还没有习惯明星带货，觉得她是自掉身价，甚至有自媒体写出了"昔日光线花旦沦落为网红"的标题。但是直播热潮很快出现，众多明星纷纷加入，并且在社交平台晒出直播销量、话题度的战报。粉丝们也热情转发，助力传播。

2. 平台之间的争夺

直播带货的火热局面，离不开观众的参与，也离不开各大平台的造势。各大平台都将直播带货视为未来发展战略的重要一环，为了争抢流量和用户，他们纷纷邀请明星入驻开设个人直播间，实际是以明星为桥梁，展开对流量，即对用户的争夺。

3. 可以获得不错的报酬

明星们可以从直播中获得不菲的报酬。由于行业寒冬的出现，以及疫情的影响，明星们的收入陷入停滞，在直播间带货得到的报酬并不比拍电影或代言产品低，花费的时间也不多，何乐而不为呢？

下篇　直播实战技巧

第八章　硬件准备，为直播扫清障碍

　　前几年，互联网的发展让一大批人迅速成为网红，但是如今随着直播行业的发展，一夜成名已经很难了，主播需要展示更多的实力才行。那么，如何才能更好地展示自己，挖掘自己的潜力呢？首先，你应该有一套齐全的硬件设备，同时还要有使用设备的技术。

网络直播的基础硬件配置

直播带货主要有两种方法：一种是在移动端用 App 直播，另一种是在电脑端用软件直播。两者各有优缺点：手机直播方便快捷，电脑直播效果更好。两者需要的设备比较接近。首先介绍一下直播需要的基础硬件配置。

网络信号配置

直播带货营销和短视频营销的根本区别，就在于内容呈现的方式不一样。直播需要主播和观众实时进行，而短视频可以提前录制，然后再上传。

1. 网络信号

网络信号是完成直播的基础条件，在室内直播还可以使用 Wifi，如果没有 Wifi，或者在户外进行直播，就只能使用流量了。信号不好，就无法进行高质量的直播，因此直播首先要解决的是网络信号问题。

2. 网络套餐

主播可以根据地区的具体情况选择宽带服务商。从理论上来说，20M 以上的宽带就可以满足直播的需求了。主播可以用 360 安全卫士进行宽带测速。如图 8-1 所示。

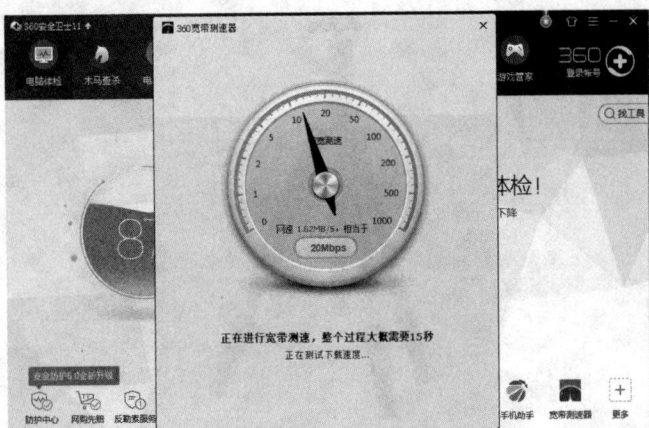

图 8-1　宽带测速

　　如果是在户外直播，可以使用手机流量，也可以准备一个无线网卡和随身 Wi-Fi。如图 8-2 所示。

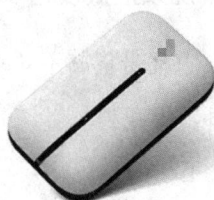

图 8-2　随身 Wi-Fi

便携防抖设备

1. 手机支架

在直播的过程中，主播有时需要使用手机查看直播间的留言和弹幕，此时可以用手机支架将手机固定在桌面上。如图 8-3 所示。

2. 三脚架和云台

三脚架的主要作用是固定摄像头和云台，配套使用能大大提升相机的稳固性，避免画面抖动、模糊。三脚架可以和手机支架搭配使用。云台是固定、安装摄影装备的支持设备，分为固定云台和电动云台两种。如图 8-4 所示。

图 8-3　手机支架

图 8-4　三脚架和云台

视频拍摄设备

直播带货离不开视频拍摄设备。目前,视频拍摄设备主要有两种:手机和外置摄像头。

1. 手机

主播可以直接使用手机进行直播。如今,手机的拍摄效果也非常好,而且很多手机自带美颜效果,可以满足大多数人的直播需求。主播可以购买一个前置和后置摄像头成像效果都很不错的手机,作为直播的视频拍摄装备。

2. 外置摄像头

除了手机以外,主播还可以购买专业的摄像头,例如罗技 C920、罗技 C930 等。使用专业摄像头的好处是成像效果较好,可以有效减少直播画面的噪点、模糊等,让直播间看起来更专业。如图8-5 所示。

图 8-5　摄像头

后台信息处理设备

在直播带货的过程中,有很多信息,例如直播小店的补货、优惠券发放、售后处理等，需要通过后台信息处理设备进行处理。

1. 电脑

电脑的处理器性能明显超过手机，操作界面也比手机更宽广，因此后台人员可以使用电脑同时处理多项任务，例如 OBS 推流、店铺运营、售后服务等。直播带货和游戏直播不同，只需要对视频画面进行直播处理，所以对 CPU 的要求不高。

下表是推荐的电脑配置，主播可以根据自己的需求进行选择。

表 8-1　推荐的电脑配置

系统	Windows 或 Mac OS X 系统
处理器	intel i5 及以上
主频	2.0GHz 以上
内存	8G 及以上
硬盘	128G 固态硬盘
键盘、鼠标	无限制

2. 手机

即便使用电脑直播，也可以用手机进行辅助。手机的便携性使得它能为主播提供多种便利，例如查看用户留言、发放优惠券等。

如果用手机进行直播，建议准备两个手机，一个用来拍摄直播画面，一个用来看评论。

续航能力

大多数主播都需要用到手机，有时还需要进行移动直播，因此手机的续航能力也是需要考虑的。因为大多数主播每次直播都会持续好几个小时，有

的甚至持续 10 个小时以上。主播可以同时准备几个手机，或者准备一两个充
电宝。

多平台同步直播

在多个平台上同步直播，是很多人的常见做法。
只需要开通多个账号，然后一次直播联通多个账
号，就可以将观众数量瞬间扩大数倍，这无疑是一
个非常实用的方法。那么，怎样实现多平台同步直
播呢？

最简单的方法就是同时打开多部手机，每一部
手机登录一个直播账号，然后将手机安装在多机位
手机架上，就可以实现多平台同步直播了。如图 8-6
所示。

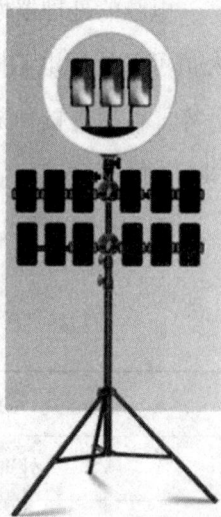

图 8-6　多机位手机架

视频画面的采光和布光

说到直播，就不得不提画面和采光。掌握一定的采光技巧，才能拍摄出合格的画面。

灯具的选择

1. 室内灯

直播时，应当保持室内明亮，首先要打开室内灯，确保整体明度，保证亮度适中，且顶灯的光线散布均匀。

2. 补光灯

大多数主播都会用补光灯照亮面部，以便让观众更容易看清自己的脸。现在主播常用的补光灯是环形补光灯。如图 8-7 所示。

3. 小灯串

此外，主播还可以布置一些小灯串（如图 8-8 所示），以便渲染气氛，但是不可太亮，以免分散观众的注意力。遇到一些特殊情况时，还会需要特定点光源，但不可持续使用超过一分钟。

图 8-7　环形补光灯

4. 摄影灯

一些主播的直播间布置得十分专业，他们不使用房间里的顶灯，而是使用专业的摄影灯（如图 8-9 所示）替代。摄影灯可以有效减少画面的噪点，尤其是在夜间的户外场景下，更能够提升直播质量。

5. 柔光箱

柔光箱（如图8-10所示）是配合使用摄影灯的部件，由柔光罩和柔光布构成，可以有效发散光源，使光线均匀地分布出去。

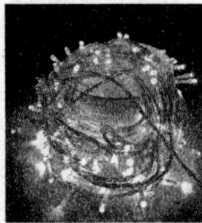

图8-8 小灯串　　　图8-9 摄影灯　　　图8-10 柔光箱

6. 反光伞

反光伞有良好的反光性能，可以调节闪光灯光线的色温。在摄影中，最常采用的反光伞大多是白色或银色的。

7. 遮光板

遮光板的作用是遮挡强光，使强光变弱，达到合适的光比，使拍摄效果更好。

布光的角度

购置了灯具以后，如何合理地进行布光，也是一门学问。通常而言，主播需要根据实际需求来选择灯具和布光。例如，李佳琦的桌子前摆放了好几个圆形布光灯，因为他介绍的产品都是口红这样的小物件，需要在工作台上展示。对于一些较大的物件，如外套、裤子等，需要主播站起身来展示的，就可以使用一些较大的摄影灯。

1. 主光

放置在主播的正面，负责主要照明，与直播镜头呈 0°－15° 夹角，能使主播的脸部受光均匀。

2. 辅助光

放置在侧面，起到辅助作用，增加整体的立体感，突出主播和商品的侧面轮廓。

3. 轮廓光

又称逆光，放置在主播的身后位，可以起到突出主体的作用，通常光线较弱。

4. 顶光

从头顶位置照射，通常使用房间里的大灯。顶光的亮度应当仅次于主光，给背景和地面增加照明，同时增强瘦脸效果。

5. 背景光

又称环境光，为背景照明，主要作用是调整直播间的光线，避免某些地方太黑。

提升声音质量

声音对于直播也很重要。很多新手主播过于关注画面，却忽略了声音，结果在直播中经常出现重音、噪音、无声等情况，让自己十分尴尬。

录制声音的设备

1. 高质量 USB 麦克风

USB 麦克风不需要外接声卡，只需要将 USB 接口插在电脑上，就可以直接使用了。而且 USB 麦克风的价格通常不贵，性价比极高。虽然 USB 麦克风的录音质量一般，但是用于直播还是绰绰有余的。如图 8-11 所示。

图 8-11　USB 麦克风

2. 外置声卡 + 麦克风

外置声卡 + 麦克风是比较专业的录音设备，可以支持多路声音处理混音。现在的声卡一般有板载声卡和独立声卡之分。预算充足的话，可以选择高质量的专业外置声卡，然后接上自己喜欢的麦克风。外置声卡的缺点是操作比较麻烦，需要了解一定的知识才行。如图 8-12 所示。

3. 内置声卡 + 麦克风

内置声卡一般都是集成在电脑主机的主板里，比外置声卡更便宜，但是相应地效果也会有所下降，最突出的表现是功能变少了。另外，如果电脑的电路水平差，那么录制时，背景噪声可能较大。如图 8-13 所示。

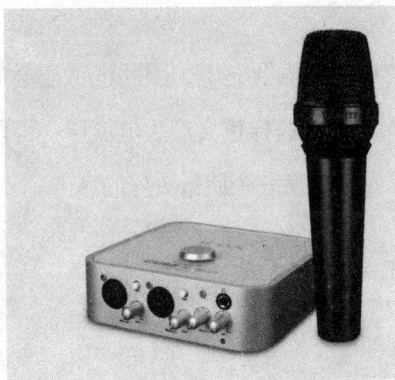

图 8-12　外置声卡 + 麦克风

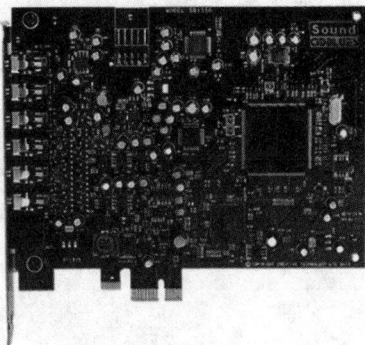

图 8-13　内置声卡

4. 其他附件

除了声卡和麦克风以外，录音设备还包括麦克风支架、防风网等。如果希望布置一个理想的录音环境，还可以购买一些吸音海绵，以尽可能地消除噪声。

噪声的来源与降噪

在直播的时候，有时我们会听到一些来源不明的噪声，特别影响直播效果。那么这些噪声是从哪里来的呢？

1. 外界噪声

外界噪声是最常见的情况，比如窗外的汽车鸣笛声、室内人员的嘈杂声、楼上楼下的走动声等。对此，可以在直播间的门上装上密封条，把窗户换成隔音窗，或在地板上铺好减震垫或地毯等，以便尽量消除噪声。

如果噪声实在太大，那么还是换一个良好的直播环境吧。

2. 电流声

在直播的过程中，电流声也是经常出现的噪声之一，通常是因为主播的手机一边直播，一边充电。可以配备充电转换头，同时关闭其他不必要的电器，这样会大幅降低噪声。

3. 声卡

声卡是调节声音的部件，但是它在使用期间需要充电，因此也可能会产生噪声。有的声卡是直接用 USB 接口插入充电，这样也会产生电流声。可以把 USB 插入充电头中，从而降低噪声，或者干脆换一个质量更好的声卡。

用配饰提升直播间的格调

大家都知道，直播是一个十分看重颜值的过程，因此很多主播在直播时都比较注重自己的服装和发型。其实，除了服装和发型以外，直播时可以利用一些配饰对直播间进行点缀，提升直播间的颜值。

直播间的整体布置

主播是直播间里的主角，而直播间的布置就是主播的第二张脸。直播背景布置得好看与否，也会影响观众的观看体验。

1. 干净整洁是第一标准

大多数主播都是在直播间内完成工作的。房间的面积有限，出现在镜头里的空间也是有限的。无论直播间里卖什么产品，都要保持干净整洁，把有限的空间打理得清清爽爽，光线亮度合适。例如，卖衣服的直播间里，不应该把衣服扔得到处都是。最好把衣服收拾整齐，放在衣架上，或者干脆试穿完后，就把衣服移出镜头。

2. 根据需求选择装饰风格

装饰风格有很多，包括中式、欧式、韩式、美式、地中海式等，还有简约、豪华、原生态等区别，主播可以根据自己的喜好，以及带货商品的种类来选择装饰风格。

3. 桌子的布置

毋庸置疑，在空间有限的直播间中，最重要的家具就是桌子。现在有很多直播专用桌子，不仅可以用来放直播设备、补光灯，还给助理留了位置，一桌多用，而且移动很方便，可以随时改变位置。桌子的高低可以根据个人的喜好进行调整，但是最好不要太低，以免桌子移出镜头；也不要太高，免得挡住了观众的视线。

4. 直播间的背景

直播间的背景最好保持清雅、素净，可以使用 OBS 软件在电脑端 PS 上一张与商品有关的背景，也可以用背景布或墙纸覆盖住背景。一张好看的墙纸可以让你的直播间瞬间高大上起来，彻底让你的直播间摆脱单调与沉闷。注意要尽量避免选择过于个性或花哨的墙纸，贴这样的墙纸会影响主播的气质，同时减少直播的受众。

用小物品装饰直播间

1. 装饰点缀

为了避免让直播间看上去太空旷，可以适当地丰富直播背景。例如，在直播间里放上一些盆栽，或者在货架上摆放一些卡通玩偶。节假日里可以适当地布置一些跟节日气息相关的东西，或者配上节日的妆容和服装等，以此来吸引观众的目光，提升直播间人气。

2. 置物架

在直播间里摆放一个置物架，然后摆上要直播的相关商品，让直播间看上去就像主播的私人宝库一样。例如，李佳琦的直播间里就曾经摆放了几个货架，货架上满满的都是化妆品，让很多女生羡慕不已。曾经有一档节目采访他时，带观众近距离参观了他的化妆品仓库，结果大家发现架子上大概有2000支口红。尽管口红的数量有很多，但是摆放得都非常整齐。

3. 绿植

为了让直播间看起来更有活力，我们也可以在直播背景中放置一些绿植，例如仙人球、绿萝等。绿植不仅有净化空气的作用，还具有赏心悦目的效果。

4. 其他物品

除了以上物品外，直播间里的其他常用物品如灯具、手机支架等，也应该遵循同样的原则，起到点缀的作用，而不是摆放得杂乱无章。

主播的个人佩饰

主播的个人佩饰也很重要，它们是用户可以直接看到的。佩饰搭配得合适，会让用户感到愉悦；如果使用了不恰当的佩饰，会让用户感到十分怪异。

1. 项链

项链是最有存在感的配饰，它对于主播的造型非常重要，搭配得当，可以让单调的装束立刻鲜活起来。主播可以根据自己的身形选择项链：中等身高的主播在选择项链时不要过长或过短，靠近胸部上方刚刚好；矮个子的主播可以选择长一点的项链，但是不能超过胸部。

2. 帽子

大多数带货主播是不戴帽子的，这样做是为了避免遮挡面部，但是对于推销服装的主播来说，在试穿衣服的时候，也可以选择合适的帽子进行搭配。渔夫帽看起来很活泼，棒球帽显得很可爱，贝雷帽则会给人一种酷酷的感觉。

3. 耳钉、耳环

耳钉和耳环有修饰脸型的作用，可以中和脸部线条，让脸庞显得更秀气。但是要注意耳钉和耳环的风格，谨慎选择造型夸张的耳环。造型夸张的耳环适合用来搭配露肩装、吊带装等。

4. 眼镜

眼镜不仅可以为整体造型加分，更是保护眼睛的好帮手，主播可以根据自己的脸型选择一副适合自己的眼镜。通常来说，窄框眼镜适合短发、身材娇小的主播；大框眼镜显得大方得体；圆框眼镜则让人感觉柔和舒适。

独特的 VR 直播技术

VR（Virtual Reality，虚拟现实）是一项全新的实用技术，涉及计算机、电子信息、仿真技术等。

VR 直播的发展历程

随着脸书、微软等著名公司在 VR 技术上的投入，越来越多的技术公司参与其中，利用 VR 技术开拓更多的使用场景，其中就包括电子购物。

VR 技术的概念很早就被提出来了。目前已知的最早提出 VR 技术的是小说家斯坦利 G. 温鲍姆，他于 1935 年在一篇小说里描述了一款虚拟现实的眼镜，而该小说被认为是世界上率先提出虚拟现实概念的作品。该小说描述的就是以眼镜为基础，包括视觉、嗅觉、触觉等全方位沉浸式体验的虚拟现实概念。

但是 VR 技术的研发比较困难，直到 1994 年，才出现了一些真正意义上的 VR 技术。日本的两大游戏公司世嘉和任天堂分别推出了自己的 VR 产品，是专门为游戏设计的，在当时引起了很多人的关注，但是由于成本太高，并没有普及。

2016 年（公认的 VR 元年），一些国际知名公司相继布局 VR 领域，如 HTC、微软、脸书、AMD、三星等，VR 产业生态逐渐完善，消费者对于产品的认知也逐渐成熟。也就是在这个时候，我国的 VR 市场进入快速发展期，国内用户数量快速增加，VR 直播购物的理念也开始出现。

想象一下，戴上 VR 眼镜，你就可以和主播"面对面"，仿佛亲自来到直播间，你甚至不需要挪动一步，就可以 360 度观看商品的各个方面，这是一种多么奇妙的场景。

不过，由于多种原因，VR 直播购物目前还没有普及，使用 VR 设备的人毕竟是少数，因此主播们也没有意愿去使用 VR 设备。目前的 VR 技术更适合体验和尝鲜，并不适合大众消费者购买和使用。

VR 直播需要的硬件设施

VR 直播对硬件设施的要求比较高，对软件也有一定的要求。目前一些大型活动的赛事、演唱会等已经具备了使用 VR 直播的条件，但是它们对画面的清晰度、流畅度以及声音的还原度有很高的要求，因此需要使用一些复杂的仪器，个人主播是很难负担得起的。

VR 直播需要的硬件设施包括 VR 全景直播相机、VR 摄像机。

活动现场 VR 直播

直播前，需要提前彩排，测试网络、光线、拼接效果等，选择合适的机位。直播时，用全景相机采集画面素材，将其拼接成完整的画面，而后通过云端传输给观众。

如何实现低成本高品质的 VR 全景直播呢？具体可以从以下几点着手进行。

1. 网络宽带

VR 直播需要使用网络宽带，以便将图像以数据的形式传输出去，推荐使用 15M 以上的网络专线，户外拍摄可选择 4G/5G 流量包或路由器。

2. 直播平台

目前有很多家公司涉足 VR，并且推出了多种 VR 平台，例如 NextVR、花椒、虎牙、腾讯、微鲸等。

3. 全景相机

全景相机是实现 VR 直播的关键设备，它可以捕捉周围的现实场景，制造出 360 度的沉浸感。主播可以挑选一台可实现机内拼接、机内推流，能外接麦克风、电源、存储器，支持实时预览，操作便捷的全景相机，这种相机比较简单实用，一个人就可以操作。如图 8-14 所示。

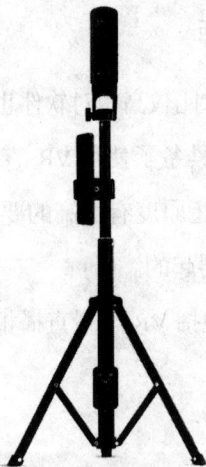

图 8-14　一款全景相机及支架

4. VR 眼镜

VR 眼镜是用来观看 VR 图像的设备。目前有一体式眼镜和移动式眼镜两种：前者体验更好，但是价格昂贵；后者相对便宜，但是体验度也有所下降。

第九章　直播策划，为优质内容提供保障

　　我们知道拍电影之前必须先进行策划，电商直播也是一样。主播要知道自己的核心竞争力是什么，直播脚本如何设计，选品时该注意什么，以及如何选择直播时间。制定切实可行的直播策划案，打造出有趣的直播内容，这才是直播营销能够收获流量的关键。做好直播内容的创意策划，可以让直播内容变得更有创意，更有吸引观众的魅力。

以主播个人 IP 为核心

在直播带货领域，主播的作用被急剧放大，已经远远不是传统的线下销售人员可以相比的了。主播的个人形象，已经深刻地影响了直播间的转化率。

IP 是网红主播的取胜之道

在直播平台上，内容是最重要的，而内容又是主播提供的，所以直播平台的一个典型特征就是主播的个人 IP 化。可以说每一个主播都有一个专属的个人 IP，就像私人定制一般。在平台建设自己的个人 IP 形象，并且与粉丝实时沟通，进而提升转化率，这是其他营销渠道所不具备的变现途径。

对于主播来说，打造个人 IP 主要有以下几点作用。

1. 更高的营销能力

在同一个岗位上，推销同样一款产品，具有超强 IP 的主播，可以比普通主播卖出更多的商品，这是一种客观存在的现象。

2. 更低的信任成本

当主播经常以稳定的人设出现在用户面前时，用户便会不由自主地对他产生信任感。而个人 IP 属性强的主播具有很强的传播能力，粉丝通常对他们更加信任，中间会少很多不必要的交流成本。

3. 更多的合作机会

当一个主播有了个人 IP 以后，就相当于给自己定制了一张入场券，接下来会出现很多合作机会。有的人看重的是你的粉丝数量，有的人看重的则是你的潜力。

4. 更低的流量获取成本

对于营销人员而言，流量就是生命。获取流量是一件非常不容易的事情。当主播有了强大的个人 IP 以后，就会对受众群体形成强大的吸引力，那么流量就会不断增多。

直播时代，如何玩转 IP？

IP 是主播的自身特色，也是主播的另一个品牌，让人印象深刻。经常看淘宝直播的人都知道，李佳琦的口头禅是"Oh，my god！"和"买它买它"，薇娅喜欢把粉丝称作"薇娅的女人们"。由于经常重复性地这样说话，这些已经成为他们身上的标签了，也是他们个人 IP 的组成部分。

在互联网环境中，主播容易遇到的一个挑战是内容同质化。成千上万个带货主播都在镜头前推销商品，如何才能给人留下深刻的印象呢？这是挑战也是机遇。

其实，早在直播带货出现之前，个人 IP 就已经被人们重视了。例如，从新东方走出来的罗永浩、徐小平、马薇薇等人，以及央视出身的罗振宇、张泉灵、马东等，这些人都是从半路转行进入互联网的，他们各有特色，给人们留下了不同的印象，这也是个人 IP 的一种表现。

直播平台兴起之后，促使个人 IP 向营销领域发展，直播平台的开放性基因可以最大限度地解决个人 IP 化面临的种种问题，同时为主播和商家带来更多利益。

那么，如何打造个人 IP 呢？主要从两个方面进行：一是主播自身，二是产品。

1. 从主播入手

（1）颜值。主播不一定要长得天姿绝色，但是保持干净清爽的状态显然更容易获得好感。主播起码要有一个合适的妆容，形象干净整洁，举止、谈吐得体，让粉丝觉得舒服。

（2）专业。主播应当对自己的行业有一定的专业度。例如，卖服装的必须懂得面料和搭配方法，遇到一些特殊材质的服装时，还要提醒用户如何保养。

（3）个性。主播有个性，才会给用户留下印象。由于每个人的个性都不一样，主播不可能让所有人都喜欢自己，所以最好突出自己个性中好的一面，同时掩藏自己的缺点。主播可以通过一些小技巧来达到这个目的，例如给粉丝特殊的称呼，或者给自己起外号，让粉丝能够记住。

（4）话术。幽默风趣的话语总是能够吸粉，恰当地使用话术套路能让直播更加有趣。

2. 从产品入手

（1）品牌。如果品牌的知名度较高，说明它早就已经付出了大量的宣传成本，拥有很多受众。知名度高的品牌可以为主播节省很多力气，也会在无形之中提升主播在用户心中的级别。

（2）受众。每件产品都有自己的受众，关键是看受众人群有哪些特征，主播的个人 IP 也会随着受众人群的特征发生变化。

（3）价格。很多直播间是靠价格优势吸引用户的，折扣给得越高，优惠券发放得越多，越容易给用户留下深刻的印象。

（4）性能。产品的性能也会决定用户对主播的印象。如果主播推销的产品物美价廉，就很容易给用户留下专业达人的印象。

主播 IP 离不开团队的支持

其实，一场优秀的直播带货是由多种因素构成的，主播只是其中的一分子而已。主播在镜头前给人留下"买买买"的形象，需要背后整个团队的缜密策划和辛苦筹备。团队的力量决定了主播最终的成绩。很多企业进入直播领域并非出于本心，完全是跟风进行，他们在市场的影响下被迫踏入直播的赛道。这也是会出现有人单场带货过亿，而有人折腾 30 场却只能带货一点点的原因。

罗永浩曾经在直播的过程中说，前期为保证产品质量，只做全国和国际知名品牌。如何才能跟这些知名品牌进行任务对接呢？这显然不是罗永浩一个人就可以办到的，必须依靠团队的力量。

通常而言，直播团队内部的岗位包括以下几种。

（1）主播：负责在镜头前直播带货，是整个团队的代表性人物。

（2）助理：负责配合直播间所有的现场工作，例如操作直播中控台、控制直播间节奏、调试灯光设备、摆放商品等。

（3）副播：协助主播介绍产品，答疑解难，向观众讲解直播间的规则等。

（4）直播策划：根据主播的人设、粉丝属性、商品特征等，撰写直播策划案。

（5）场控：负责管理直播间的中控台，完成商品临时的上架、下架，发布优惠信息、红包公告，组织抽奖送礼等工作。

（6）运营：分为活动运营和商品运营，有时也由一个人担任，主要工作是搜集官方平台的活动信息，跟踪活动执行，并且进行招商等。

内容：直播带货的核心

很多人以为直播带货就是展示一下商品，然后设置优惠券，报上价格，就可以了，其实直播带货对内容也是非常重视的。如何让单调的直播内容显得生动有趣，这是每一个主播都应该仔细思考的问题。

注重内容，才能走得长远

经过几年时间的发展，如今直播带货的队伍已经非常庞大，涌现了一大批新人主播，并且数量还在继续攀升。如今的直播带货玩法越来越新奇，从早期简单的商品展示，到现在的虚拟人物直播带货，再到 AI 小度带货 3.0 时代，越来越多的直播形式出现在观众面前。这意味着直播带货越来越难，很快将会成为各大平台厮杀的一片红海，以后再想从新人主播成为头部主播，就需要付出更大的努力。

为什么会出现这种现象呢？原因其实很简单。如今的直播带货太单调，人们说起直播带货，就只能想到展示商品、领优惠券，除此之外，几乎没有其他内容。此外，直播间的装饰上也大同小异，无论是美妆主播，还是服装主播，空间场景设置、风格塑造都比较模式化，这样长期下去，就会让消费者产生审美疲劳。因此，大部分主播获得的只是一时的流量。

好的内容引发的是情感和认同，要想成为一个长盛不衰的主播，关键不是高颜值和好身材，而是提升自己的内在，靠情商和学识吸引不同年龄段的粉丝。

深耕垂直领域是最优打法

如今，观众对带货主播的要求是很高的，他们未必喜欢什么产品都推销的代言人，而是更愿意相信专业KOL的意见。因此，主播应当深耕垂直领域，尽快在该领域建立起影响力，然后持续加大投入，一边提升影响力，一边提升变现能力，形成正循环。

那么，什么是垂直领域呢？百度百科上的定义是："只专注于某一行业某一部分，粉丝属性限定为某类特定群体。"

简单来说，"垂直"是指纵向延伸，把一个商品大类细分成一个个具体的小类。细分则是在垂直行业板块里面，再挑选主要的业务深度发展。例如，百货是一个商品大类，细分下去可以分为防护用品、餐具、盆栽等。做垂直领域，意思就是专注于某一个小类。如图9-1显示的是手机淘宝中对垂直领域的划分，可以看见在"百货"领域中，细分的类目有营养土、猫抓板、工作服等。

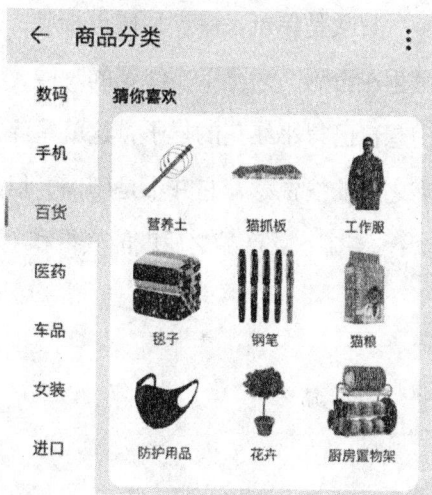

图9-1　手机淘宝垂直领域

需求至上：痛点与痒点缺一不可

在市场营销理论中，发掘客户的痛点与痒点是必修的课程。要想让消费者购买产品，就要先找到消费者的痛点与痒点，然后才能事半功倍。在直播营销中，这条理论同样适用。

首先，我们得知道什么是痛点。所谓的"痛"，就是心理需求没有得到满足，得不到就痛苦。例如经典的海飞丝广告：年轻人第一次拜访女方家长，肩上却有很多头皮屑，场面一度让人十分尴尬；年轻人参与面试，面试官却对着年轻人肩膀上的头皮屑皱眉……这些都是用户的痛点，它们体现的是消费者对个人形象的需求，而清洁是个人形象的重要组成部分。在直播带货营销中，很多主播经常试图使用痛点营销，例如告诉观众："用了这件产品，你将会拥有×××的体验。"痛点营销的核心是对比，要给用户制造出一种机不可失，时不再来的感觉，让他们认为不买你的产品就会"痛"，只有立即下单才能解决问题。

其次是痒点。痒点和痛点相反，是通过让用户感到愉悦促成交易的。小学生在看到同学得了小红花的时候，大多会感到心里酸溜溜的，有时甚至会幻想自己得小红花的样子，这就是痒点的一种表现。总结来说，痒点就是刚需之外的愉悦感，它并不是刚需，但是仍然能让我们感到愉悦，例如告诉观众："买了这款产品之后就能变得和主播一样漂亮。"

设计一套实用的直播脚本

拍摄短视频需要脚本，做直播带货同样需要脚本。除了需要制定清晰、详细、可执行的脚本 Plan A，还要准备应对突发情况的方案 Plan B，这是直播顺利进行的有力保障。

设计直播脚本，提升直播效果

进行一场带货直播，就像出演一场电影一样，主播就像电影的主角，而设计直播脚本的人就像编剧，大家各司其职，共同完成整场直播的内容。

一般来说，直播脚本的作用主要有以下几个方面。

（1）增强直播效果，提升吸粉能力。

（2）减少突发状况的发生，增强主播的控场能力。

（3）引导直播间的舆论走向，有助于主播个人 IP 的打造。

学会设计脚本是帮助主播提升直播带货能力的必要条件，任何想要将直播做好的人，都应该对此有所认识，并且努力学着去做。需要注意的是，脚本不是一成不变的，而是需要不断优化的。可以在每次直播开始之前，设计一套简单的脚本，练习控场能力，直播结束之后再进行复盘。可以分时间段记录下各种数据和问题，看看有哪些地方是需要改进的。这样经过长期的训练，就会形成一套成熟的直播经验，以后就算没有脚本，也能轻松驾驭直播了。

每周直播的排班

在设计整场直播的脚本之前，主播和商家需要对每周的直播工作计划进行一次规划，这样有利于培养良好的工作节奏，容易做好时间切割，减少运营策划不必要的工作量，让直播的工作衔接得更流畅，同时也方便进行阶段性总结。

整场直播脚本设计的逻辑

直播脚本分为两种：一种是整场直播脚本，是针对直播活动从开始到结束的脚本；一种是单品直播脚本，是针对每个产品的。

在设计整场直播脚本时，我们可以根据时间顺序进行，即从直播开始前一直到直播结束，将中间每个时段要做的事情都列出来。这样做的好处是条理清晰，不容易出现遗漏和错误。

按照时间顺序，整场直播脚本可以划分为以下几个环节。

图 9-2　整场直播环节

1. 直播前准备

主要工作有调研用户喜好，分析商品特点，找出商品的优点和缺点，等等。

2. 开场环节

设计开场互动，介绍本次直播的时长，大致介绍一下商品的种类、数量等，简要说明一下流程以及直播间的福利。

3. 单品讲解

介绍商品的各种细节，与副播一起向观众展示商品的使用场景、购买优惠等。在直播过程中，主播必须反复强调此次直播的公告，让观众知道"我在看什么""我能得到什么""有哪些产品和福利"。一件产品演示 15 ～ 20 分钟，然后停顿 5 分钟，给观众一个考虑下单的时间，这样的节奏是很轻松的。

4. 互动环节

在互动环节，主播可以与用户进行一些简单的交流和调侃，其间发放一些红包和优惠券。在设计抽奖环节的时候，需要注意分成几次进行，不要在直播刚开始就进行抽奖活动，这样是留不住用户的。

5. 结语

对整场直播进行一次简短的总结，并且预告下次直播的时间。一个成熟的主播直播带货应该是周期性的，每次直播结束时，都要预告下次的直播时间，提前让观众做好准备。

下表是整场直播脚本范例，囊括了直播活动中的各种环节。主播可以根据自己的需要，对该脚本进行删减或增添。

表 9-1　整场直播脚本范例

×××直播脚本	
直播主题	××新品发布会
主播	×××，时尚博主、美妆达人
预计时长	8 小时
内容提纲	
1	**前期准备：**调研用户喜好，分析商品特点，宣传直播信息

2	**开场预热**：开场互动，主播自我介绍，安利 1~2 款爆款，强调每天的开播时间
3	**品牌介绍**：介绍店铺信息，引导关注、收藏店铺，签到打卡抽奖
4	**活动介绍**：介绍商品种类、数量、福利及活动流程
5	**产品讲解**：介绍产品的各种细节，向观众展示产品的使用场景
6	**产品测评**：站在客户的角度对产品进行实际使用
7	**观众互动**：案例讲解，故事分享，解答疑问
8	**使用分享**：客观描述产品的使用体验，兼顾优点和缺点
9	**抽奖环节**：抽奖，发放红包和优惠券，做热门产品的返场
10	**活动总结**：再次强调产品的品牌、活动和特点，引导观众下单
11	**结束语**：引导观众关注加收藏，预告下次内容
12	**复盘**：发现问题，调整脚本

单品直播脚本

单品直播脚本是针对每一个产品设计的，它主要涉及产品的卖点、品牌、优惠方式等。在设计单品脚本时，必须熟悉产品的特点。要把产品的亮点、基本特性，以及一些需要特别注意的地方介绍给观众，让观众能够产生直观的感受。

单品直播脚本的主要内容就是对产品的讲解，包括以下两点：产品卖点是直播的核心，与粉丝的互动则是必不可少的辅助。

直播选品需要注意的五个点

俗话说"巧妇难为无米之炊"，直播营销的目的是带货，没有一批竞争力强的货品，也就谈不上直播营销了。那么，直播选品的标准是什么？去哪里选品呢？

直播爆品的特征

什么产品最容易成为爆品？随便找来一个主播，他都能说得头头是道。例如：性价比要高，既要物美，还要价廉；产品和主播的人设定位要相符，让小孩子带货大型家电产品，显然是很不匹配的；产品要满足当前的活动趋势和粉丝的需求，满足需求的产品永远都不愁销路……但是光懂得理论还不够，还要了解现实情况。

1. 价格

在营销实践中，价格永远都是必须考量的因素，而且是极其重要的因素。价格是否合适直接关系到消费者的购买意愿、主播的佣金及抽成等利益相关问题。所以我们要先知道什么价位的产品在直播间更受欢迎，更具优势，更容易火爆。

事实证明，单价在 10～100 元的产品是最具竞争力的，也是最容易出现爆款的。王祖蓝曾经在快手直播上推荐过一款洁面产品，单价 49.9 元，最终成交 15 万件，登上了近 7 天快手商品榜 TOP100 榜首。

当然，价格区间只是一个参考，即便选择了 10～100 元的产品，也不一定能够大卖。相反，也有一些人把高价产品卖成了爆款，吸引了很多人的注意力。

2. 品类

食品饮料、美妆护肤、服装鞋靴、消费电子、家电、宠物食品等品类在直播带货中是十分常见的。数据统计显示，食品饮料与美妆护肤在快手商品榜中占据垄断地位，而淘宝直播中的绝对主力是穿搭，其次是珠宝和亲子。

选择火爆的品类更容易做，但是也会面临同质化过高的风险，因此，最好在大众熟知的品类中选择那些有一点创新和突破的品类，如新奇和好玩的品类。

3. 品牌

目前，直播平台吸引了不少流量，转化率也比较可观。随着直播的不断发展，越来越多的玩法也相继出现，其中品牌营销的优势也会越来越凸显。目前的直播营销普遍存在着粗糙、不规范的问题，只有优质的内容与有吸引力的品牌相结合，才能实现长期高效地触达目标用户群体，完成对用户群体的营销和转化，同时促进品牌的增长。

4. 供应链

供应链是产品能够爆卖的保障，无论是产品质量、利润空间，还是售后服务，归根结底都要靠供应链的能力。主播的收入，一部分由销量决定，还有一部分则由利润空间决定。此外，退货率也很重要。与高端的供应链进行合作，不仅可以做到产品方案定制化，还能保证利润，降低退货率，保护粉丝利益。

直播间的产品布局

拥有电商运营经验的人都知道，并非所有产品都能成为爆款，爆款可遇而不可求，很多爆款产品是商家用各种手段推上去的。因此，直播间的产品布局必须精心设计，才能在低价引流的同时，保证店铺总体的利润空间。直播间的产品，可以按照以下方法进行布局。

1. 主推款

主推款就是商家主要向消费者推荐的某种商品，它往往决定了用户对商家的印象。在直播间里也可以存在主推款，主播可以选择那些点击率和成交量较高，同时又有一些特色的产品——此类产品一般具有低毛利、高性价比的特点，然后集中进行推广。

2. 引流款

引流款的主要作用是给直播间带来流量，以便带动其他商品的销售。主播可以根据商家后台的数据进行分析，比如商品的点击率、跳失率、收藏数、加购数等数据。一般来说，商品的跳失率越低，说明买家停留的时间越长，此款商品则具备成为引流款的潜质。我们可以在直播间的观看量达到峰值时推广引流款，以此完成拉新，同时增加用户的在线观看时长。

3. 跑量款

跑量就是薄利多销的意思。为了让直播间的数据更好看，主播会把一些商品的价格定得很低，利润空间几乎为 0，有时甚至亏本，这样就有机会在短时间内打造出一个超级爆款。在几十万的销量面前，很多人便会下意识地认为直播间很可靠。

4. 溢价款

溢价款属于直播间的高档产品，通常价格较高，品质也较好，是店铺用来冲击高端、提升档次的品类。

供货渠道

货源是每个带货主播都要考虑的问题。有时主播会面临直播间爆单却无货可发的窘境。找到可靠的货源，可以从根本上拉大与其他主播的差距。一般有以下几种供货渠道。

1. 带货平台

如果你没有自己的供货渠道，不妨从带货平台做起。淘宝、抖音、快手、拼多多等平台都建立了专属的带货平台，主播和商家可以在上面各取所需。等到做出成绩以后，就有和商家谈判的资本了。

2. 批发市场

从批发市场进货是很多人的首选，它有很多好处。第一，从批发市场大批量进货，可以压低价格，降低经营成本；第二，从批发市场进货，可以对产品的质量有更直观的了解；第三，可以根据当天的订单销售情况进货，减轻库存压力，退换货也比较方便。如果你在本地的批发市场有熟悉的供应商，这会为你的直播提供很多便利条件。

3. 厂家

从厂家直接拿货，价格一般会非常便宜。现在很多厂家都是在电子商务平台上直接寻找客户的，卖家可以在网上寻找厂家进行长期合作。

如何选择直播时间

直播是一项需要耗费时间的劳动，对时长和时间段的选择，会给直播效果带来深刻的影响。在实际生活中，我们应当仔细规划。

直播时间的长短

关于每次直播时间的长短，各大直播平台都没有做出明确的规定，但是直播时长的重要性是毫无疑问的。直播的时间长，意味着你有更多的机会得到曝光，它与积累粉丝的速度成正比，而这些又会最终决定你的收益。

直播的时间不宜太短，每次直播不应少于30分钟，否则不利于吸引粉丝。更重要的是，如果直播时间过短，平台很可能不会把此次直播计算在内，这样你就会失去得到浮现权的机会。

拥有稳定流量的主播，直播时长大多在 5 个小时及以上。也有一些主播能够达到 10 个小时，但是这样的主播占比较少，因为过于劳累，很难长久坚持下去。

每次直播尽量不要停断，中途不可以长时间空场，否则会给观众留下不专业的印象，还会受到平台的处罚。还要避免出现一天内分段直播，比如早上开了两个小时的直播，到了晚上再次开播，这种做法也会影响流量的积累。

还有一些商家实力雄厚，找了很多主播，24 小时不停地直播，每个主播负责一两个小时，讲解几款产品，然后换上其他主播。这种做法的好处是对商品的介绍较为全面和仔细，而且能够持续吸引观众。但是这种模式显然不适合达人主播。

直播时间段的选择

目前，直播时间段主要可以分为白天场、晚场和夜场。

1. 白天场

众所周知，白天直播，客流量是最少的，因为白天大多数人都要上班或上学，观看直播的人数较少。也正是这个原因，导致白天的主播较少，所以竞争力也比较小。白天观看直播的人大多是生活清闲的粉丝，他们的停留时间相对稳定，容易培养忠实粉丝。有些上班族偶尔也会打开 App，利用短暂的时间观看直播，由于时间较少，因此他们更容易在下单和离开之间做出决定。所以新人主播很适合在白天直播，学习营造气氛并增强粉丝的互动，缓慢积累粉丝。

2. 晚场

晚场从晚上 6~7 点开始，此时消费者大多已经下班或放学，因此观众最多，消费能力也最强，所以很多大主播都集中在晚场直播，导致竞争激烈。晚场的客流量很高，但是转换率较低，并不是所有人都愿意下单。

3. 夜场

夜场是从晚上 12 点以后到天亮的时间段。夜场直播也可以培养很多铁粉，因为这段时间的观众有固定的作息时间，流量会很大，停留时间也会相对稳定。但是夜场对体力的消耗较大，容易造成作息不正常。

直播时间段必须谨慎选择，一旦确定下来，就不要轻易更改，否则很容易掉粉，因为大多数用户的作息习惯是固定的，强迫用户为主播做出改变是不明智的行为。

第十章　直播话术，提升主播的带货"魔力"

直播带货的本质是营销，靠的是语言的艺术。很多新人主播在面对摄像头时，容易感到害羞和紧张，要么语无伦次，要么默不作声，因此主播需要学习一些直播话术。

直播话术之五步销售法

带货主播本质上就是营销人员，只不过营销场景从线下实体店转移到了线上。主播的首要目标是让用户下单，因此必须学会一套行之有效的销售话术。下面是一套常用的直播销售话术，共分为五个步骤，适合用来介绍单品。

第一步：提出问题

乔布斯曾说："消费者并不知道自己需要什么，直到我们拿出自己的产品，他们才发现，这是他们要的东西。"

消费者的意见重要吗？当然重要，客户有需求，才会有销售，但是不能完全依靠客户主动说出需求，销售要主动引导。提问就是一种很好的引导方式，不会提问就不能了解顾客的真正需求。

在直播的过程中，主播可以结合消费场景，预先设计一个问题，引导观众思考痛点及需求，给消费者一个购买的理由。例如，在推销护肤产品的时候，主播可以循序渐进地引出问题："冬天到了，天气变得干燥了，再加上寒冷的空气，对皮肤的损害不可忽视。小伙伴们最近觉得自己的皮肤状态是否不如以前了呢？"浅浅地提出问题，不必直接点明产品，重点是引起话题和共鸣。

第二步：放大问题

提出问题之后，接下来就要针对这个话题进行展开，并且放大其中的细节。接着上面护肤的话题，我们可以把话题集中在防冻、防皲裂、防干燥等领域，例如："在冬天，我们需要注意保湿和保温，防止冻伤和皲裂。皮肤太干的话，很容易出现各种皮肤问题。"

在这个过程中，我们需要把话题集中在人们在生活中普遍关注的问题上。正是由于普遍关注，所以才有提醒的必要，因为很多人会忽略掉这些问题。对于这一点，传统营销也是非常重视的，所以我们会看到电视中的护肤品广告会不厌其烦地强调"滋润、呵护、润滑"等概念。

第三步：引入产品

介绍完问题，接下来就是最核心的部分了，即以满足需求为出发点，引入产品，告诉观众你的产品可以解决前面的问题，为观众带来各种实实在在的好处。

主播可以将相关的产品（单品或套装）拿出来，向观众展示一遍。在此过程中，尽可能全面地展示出来，不必按照自己的喜好去选择展示面，关键是让观众能够清楚地看到产品的外包装。

在展示的过程中，主播可以对产品进行简要的介绍。例如："我们今天推荐的这套产品，就是专门为了预防冬季皮肤问题而研制的。这套产品里面包含了××品牌保湿霜一瓶、润肤乳液一瓶，还特别赠送一件护手霜，为您的面部和手部提供充足的保护。"

第四步：深入讲解

详细地讲解产品，从品牌、原料、设计、售后、包装等角度进行，让观众对产品的基本信息有所了解。例如："这款产品含有甘油、维生素 E、矿物油等成分，这些成分会使肌肤更滋润。"这样观众会觉得主播思路清晰，主播也不会因为紧张而忘记重点。

对于一些溢价较高的产品，还可以从产品代言人、设计者、用户评价、获奖经历等角度进行解说，突出它的附加值，让粉丝感到物超所值。

在此过程中，你还可以结合个人经历，讲述一下产品的使用心得，并告诉观众，如果大家也有和主播类似的情况，建议大家使用这个商品。例如，可以告诉粉丝护肤品需要怎么使用，使用时有什么注意事项，使用以后会有什么效果，主播对这个产品有什么使用心得，本店还有其他什么样的产品，等等。

第五步：提醒下单

很多主播口才很好，在介绍产品的特点时讲得眉飞色舞，口若悬河，但是不懂得如何促单。实际上，促单是销售最重要的一个环节，也是检验直播带货效果的环节。

在这个环节里，主播可以着力讲解价格优惠，例如渠道优势、独家资源等，引发捡漏心理，让观众觉得你卖亏了。最常见的话术有"这款产品的拿货价格其实是很高的，商场里面都卖××元，我们比商场里的价格便宜了××元""今天全是历史最低价格，我们商家在打比赛，你今天买能少花很多钱"等。

直播话术之场景化描述

场景化描述是营销人常用的手法，通过描述产品在现实中的使用情形，勾起消费者的购买欲望。在直播带货中，场景化描述也是一个很好用的方法。

场景化描述的魅力

为什么口红广告上总会出现涂口红的动作？为什么调味品的广告里总会有温馨的一家人？为什么房产公司都要设计一套样板房？就是因为他们都在利用场景化描述。

正所谓"耳听为虚，眼见为实"，亲眼看到的东西，肯定比听别人转述的内容更真实。但是我们很多时候无法做到直接体验，尤其是在网购的时候，于是只能退而求其次，通过想象产品的具体使用情景来感受产品了。

在营销的过程中，很多销售人员只需要短短的一句话，就能将故事的几个要素——时间，地点，人物，故事的起因、经过和结果都囊括其中，给客户带来强烈的感受。

在直播带货领域，李佳琦就是场景化描述的高手。他在推销口红的时候，经常通过场景化的想象，描述你涂上这只口红的样子。例如："今天想要贵妇风，那就选一只超级优雅的梅子酱紫色调口红。""明天又想走少女路线，那就来一只烂番茄色，薄涂它，你就是活力满满的青春少女。""后天又是港式复古风，哑光正红色拿去用绝对不会出错。"观众接收到了这些信息后，就会主动脑补自己涂口红的样子。

其次，李佳琦还非常善于用特色鲜明的话语促单，例如"OMG！这也太好看了吧！""所有女生，买它！"以至于很多女生感慨："天不怕，地不怕，就怕李佳琦喊 OMG ！"

如果只是机械地描述口红的色号、味道、大小，再报一遍优惠信息，就不可能达到直击人心的效果，李佳琦也就不可能获得这么大的影响力。

创作场景化描述

带货产品的用途是什么？带货产品的最佳使用时机是什么时候？对于这些问题，很多主播都不了解，甚至一些主播连产品的基本信息都不了解就匆促上阵，这样的主播又怎么能够打动用户呢？

对于观看直播的客户来说，他们已经对产品详情页感到厌倦了。既然选择来到直播间，他们当然是希望能够看到一些不一样的东西。主播应该告诉用户，产品该什么时候用。

对于一些产品，描述产品的使用场景是最基本的直播内容，否则用户就很难对产品产生直观的认识。例如，对于一款手机，你至少应该知道它的优势是什么，如高分辨率的屏幕、圆润舒适的材质、色彩绚丽的拍照、强大的游戏功能……你至少应该挑出其中的一个点进行阐述，告诉用户它适合哪些场景，比如适合夜间拍照，适合用来打游戏等。通过描述，让顾客不断地思考，脑补产品的使用情景，进而感受到使用产品为他带来的幸福感，这样能大大提升购买率。

给产品进行定位

通过以上的内容，我们会发现一个道理：进行场景化描述的前提是了解产品的定位，而定位取决于产品的功能。例如，加多宝凉茶的功能是"防上火"，所以在进行推销的时候，就着力在"防上火"的定位上进行发挥。加多宝凉茶的广告中出现的聚餐、熬夜等场景，就是凉茶的使用场景。

做直播之前，首先要了解产品的定位，把着眼点聚焦在客户群体身上，以便挑选出对产品感兴趣的人。为此你必须做好以下三件事。

（1）你必须充分了解产品，不说成为专家，至少应当了解产品的基本信息和突出卖点，这样才能有话可说，不至于整场都在说废话。

（2）你必须充分了解传播媒介的使用方法，以及直播平台用户的使用习惯。

（3）你必须充分了解目标客户的群体特征，仔细揣摩他们的思维方式和关注重点，才能做好场景化描述。

话术不够，演技来凑

除了说话的内容以外，如何去说也是主播的必修课。很多新手主播容易出现的一种状况就是：表情僵硬，声音低沉。这直接导致直播间人气不够。

做主播的第一个准则是声音要大，一定要让观众清清楚楚地听到你在说什么。

主播们不妨做一个实验：首先用低沉、平缓的声音做直播，看看观众有多少；再用高昂、激扬顿挫的声音做直播，看看观众有多少。然后多做几次对比，看看两次结果有什么不同。

事实证明，高亢、有腔调的声音总是更容易引人注意。

相信大家都对电视广告有印象，广告中的主持人卖力地喊着"998！只要998！××一套带回家！"有时甚至会出现破音的现象，可以说是拼尽全力在带货。看上去好像很无聊，但是他们用这种方式给人留下了深刻的印象，如果有产品的潜在客户出现，就很有可能会关注并下单。

带货主播们也可以使用这个方法，用响亮的声音去做场景化描述，音量要大，情绪要激动，表情要夸张一点，保持快节奏的表现力，这样才能使直播间成为一个有趣的直播间。

主播情商高，观众更喜欢

俗话说："智商决定下限，情商决定上限。"一个优秀的带货主播，通常拥有高于常人的表达能力，更重要的是他们拥有高情商。

情商高是专业的一种体现

在直播间里，一个主播是否专业，观众是能够一下子就感觉得到的。情商也是主播专业素养的一部分。高情商可以让观众感到舒服，因此更容易留住粉丝，并且提升转化率。

某明星开启了一场直播带货，吸引了很多粉丝观看。他在为观众讲解一款男士内裤时，表现出了令人尴尬的一面，原本表情严肃的他突然笑场，导致直播中断，即便工作人员救场，也没能把他从失误中拉回来。看着哈哈大笑的明星，众多粉丝纷纷感慨：隔着屏幕都能感受到尴尬，做主播真是不容易啊。

与之形成对应的是另一名带货主播的表现，堪称专业。该主播的用户群体主要是女性。在直播间里，他尝试推广一款售价数百元的男士护肤品，结果并不理想，粉丝们纷纷留言："他不配。"应该说，这样的结果其实是在主播团队的意料之外的，为了掩饰尴尬，主播只好调侃说粉丝们对男友没有良心，下次不卖男士产品了。但是过了几天以后，主播又上架了一款男士产品，只是这次的价格变了，主播的话术也变了："你就给你老公买这个面膜，不要让他再偷用你很贵的面膜了！""不要让他用你的 SKII 洗面奶！而且他不是挤一点点儿，会一下子挤一大条！"高情商展露无遗。

说话别太快，三思而后言

主播在直播间里需要经常和观众进行互动，为了活跃气氛，就要求主播表现得自然一点，像平时聊天一样说话。但是这不代表主播可以口无遮拦，因为观众的组成是非常复杂的，言者无意，听者有心。活跃气氛并没有什么错，但是乱说话、乱抖机灵就不对了。不好的言语就像毒药，让人反感。

事实上，就连那些在电视台工作多年的专业主播，也有可能因为言语不当而遭到谴责。主播也是闪光灯下的公众人物，一言一行也会成为大众瞩目的焦点，因此说话也需要谨慎。说话之前最好想清楚，先在大脑中过滤一遍，把那些有可能引起争执的词语通通筛选出去，哪怕是冷场，也比发言不当好。

此外，主播还应该避免说一些损害网友形象的话语，在直播中要与观众保持一定的距离，正所谓"距离产生美"。

直播间避免尴尬的高情商话术

1. 关于明星，少讲坏话，多讲好话

很多产品有明星代言，主播为了突出产品的特点，会特地提一下："××粉们看过来，这款产品是由××明星代言的哟！"有时，直播间内也会请明星来走场，帮助提升人气。对于明星，主播一定要保持谨慎，可以讲明星的好话，但是最好不要讲坏话。饭圈的力量很强大，哪怕是一个没什么名气的小明星，都有可能在舆论场上掀起巨浪。

2. 不要对品牌捧一踩一

如今很多品牌都在采用互联网营销，积累了很多品牌粉丝。对品牌而言，这群人意味着"忠诚"与"购买力"，在品牌发布新品、做活动的时候，粉丝们都会用自己的钱包做出支持。因此品牌的粉丝也有很强大的力量，各品牌的粉丝之间还有可能发生争论，主播最好不要对品牌捧一踩一，以免把自己

放在他们的对立面。

3. 多说"我们"，少说"我"

主播在带货的时候，应当尽量淡化自己的存在，把直播的重心放在观众身上。多说"我们""咱们""大家"等词语，有助于拉近和用户的距离。而少说"我"，多说"你"，可以在言语上提醒观众的存在，同时把话题丢给观众，让观众充分表达，激发更多的话题。

4. 学会自嘲

适当的自嘲，不仅能够帮助主播化解尴尬，还可以调节主播和粉丝之间的气氛，让主播在直播中游刃有余。

5. 重视小细节

主播每天要面对很多用户。如果主播在繁忙的工作中，还能够记住一些小细节的话，就能获得观众的好感。例如，努力记住每个常出现、常互动的ID以及他们的情况，然后在直播间里对他们说"××，你好久没来了，最近在忙什么？上次你说的想要的衣服，我帮你找了一件"等。

主播言行要有正能量

主播应当向观众传递正能量，倡导健康生活，传播先进理念，不要成为一个负能量缠身的人。

爱国是不容置疑的底线

革命战争时期，多少仁人志士为国捐躯，才换得我们今天的美好生活，因此爱国是每个人的责任，不容置疑。国家利益是不可逾越的一条红线，主播也不能例外。

由于直播的门槛较低，一些主播在思想上放松了警惕，做了有损国家利益的行为，或者发表了诋毁国家尊严的言论，结果遭到大众的批评。例如，某平台的一位主播，在直播过程中公然改变国歌，并且摆出搞笑的肢体动作，违反了《中华人民共和国国歌法》的规定，结果被网友举报，直播间也被官方关闭。

某平台的另外一位主播，由于曾经在直播中发表过调侃南京大屠杀和东北沦陷等不当言论，引起公众批评，最终直播间也被封禁。

公益活动温暖人心

参加公益活动是社会赞许的行为，可以对粉丝起到表率的作用。参加公益活动如今已经成为一股潮流。很多人成名之后，非常热衷于参加公益活动，因为这会被认为有爱心，有助于在大众心中树立正面形象，同时也能陶冶自己的情操。

在直播带货界，也有参加公益活动的机会，主播们会通过各种方式做出自己的贡献。例如，在新冠肺炎疫情期间，湖北省人民的生活遭受了重大打击，经济也受到了很大的损失，在这种情况下，全国各地人民纷纷向湖北人民伸出了援助之手，其中就包括电商主播：央视主持人朱广权与李佳琦的"小朱佩琦"组合开展"谢谢你为湖北拼单"直播；人民日报携手"淘宝一姐"薇娅推出"湖北冲鸭"公益直播；包括抖音、快手等平台纷纷携手各大网红明星，推出"湖北专场"公益直播。每场直播都为湖北带货无数。除此之外，全国各地纷纷开启直播模式，各省市、各区县都为自家的产品寻找销路，"县长带货"更是吸引了不少网友围观，最终也都取得了不错的成绩。

这些专场直播也受到了观众们的欢迎，网友们纷纷留言表示"没机会为湖北拼命，就为湖北拼个单"。根据数据统计，淘宝网上 10 天之内就卖出去4000 万斤湖北农产品。

保持文明范儿，与低俗说再见

电商直播作为一种新兴的商业模式，具有强大的生命力，但是由于门槛较低，必然会有一些主播在有意无意间做出不文明的行为。如果不加以约束，任凭主播做出不文明行为，终有一天会给直播业带来不良影响。

为了整治不文明行为，提升主播的修养和水平，各大直播平台纷纷推出了"直播文明公约"，对种种不文明行为做出了明令禁止，例如禁止宣扬淫秽、暴力或者教唆犯罪、危害社会公德、违反国家宪法等。

2020 年 6 月，中国商业联合会也下达了一项计划，决定由中国商业联合会媒体购物专业委员牵头，起草《视频直播购物运营和服务基本规范》和《网络购物诚信服务体系评价指南》，这两个标准将作为行业内首部全国性社团标准。这意味着首部全国性直播电商标准不久后将出台，直播带货将会有规可循。

开玩笑也要注意尺度

主播和观众开玩笑，可以活跃直播间的气氛，拉近与观众的距离，但是开玩笑也要注意尺度。如果玩笑话尺度太大，就会让人明显感到不适。

某主播在直播中推销一款产品，同时还有一位女明星一起带货。其间该主播打开了一个黄色包装的产品，然后对女明星说："开黄腔可以吗？"女明星假装没有听到，把话题转移了过去。事后，该主播的表现受到很多人的批评，很多粉丝认为他的行为十分不妥。该主播也认识到了自己的错误，在微博上向大众道歉。

正确引导饭圈粉丝的言行

饭圈原本是娱乐圈特有的一种现象，是指一些粉丝主动帮助明星进行宣传、打榜等活动。在饭圈文化的影响下，一些粉丝容易做出不理智的行为，尤其是青少年粉丝，他们正处于成长期，心智还不成熟，很容易受到不良信息的诱导，将追星演变成扰乱社会秩序的行为。

带货行业也存在一定的"饭圈"文化，可以说主播是成也粉丝，败也粉丝。主播需要依靠粉丝获得成功，同时也需要为粉丝做出表率，正确引导粉丝的言行。

如果主播的粉丝资源有限，可以建立 QQ 群或微信群，对粉丝的资源数据进行管理，同时选出几个有号召力的、言行较为妥当的粉丝当管理员，对粉丝的言行进行引导。如果粉丝数量太多，可以通过微博进行引导。

培养主播的幽默感

幽默是主播拉近与用户距离的工具。爱笑的人运气不会差，会逗人笑的更是会有好运气。幽默能够提升主播的个人气质，加深主播在粉丝心中的印象。那么，主播该如何培养幽默感呢？

收集幽默的段子和素材

培养幽默感最好的办法，就是在平时收集段子和素材。在微博、综艺节目、朋友圈里发幽默段子的人比比皆是，主播可以轻松找到各种各样的段子。在日常生活中，主播可以对这些段子进行分类，按照关键词来加以记忆。例如以下几种分类。

1. 男女关系

例如：

"男生只对一个女生好，是暖男。对每一个女生都好，是中央空调。"（关键词：暖男）

"想当年我也是一颗痴情种子，可不幸被洪水给淹死了。"（关键词：痴情）

"热恋时，情侣们常感叹上辈子积了什么德；结婚后，夫妻们常怀疑上辈子造了什么孽。"（关键词：热恋时、结婚后）

2. 饮食

例如：

"一不开心我就吃东西，一吃东西我就变胖，一变胖我就又不开心。"（关

键词：吃东西变胖）

"世界那么大，我还是能一眼看到你，你说你是有多胖。"（关键词：身材）

3. 社会关系

例如：

"像你这种人，在我导演的连续剧里，最多能让你活两集。"（关键词：像你这种人）

"每次跟别人吵完架，等躺在床上的时候，才知道当时应该怎么骂。"（关键词：吵架）

"有妹子发微博：我也想体验一次被人追的感觉！神回复：买东西不给钱就行了。"（关键词：神回复）

在直播的过程中，主播按照关键词从脑海中提取相应的段子，然后说给观众听，可以达到很好的幽默效果。

学会自嘲，而不是嘲讽别人

学会自嘲是成熟的标志，而嘲讽别人则是心胸狭隘的表现。作为一名主播，可以经常自嘲，但是绝对不能嘲讽观众，因为大多数观众和你并不熟悉，他们有可能只是第一次观看你的直播，所以你的嘲讽可能会引起误解，让观众感到敌意，而不是幽默感。

在直播的过程中，几乎所有主播都会遇到令人尴尬的场面。例如，正在直播推销某款产品时，一打开包装发现东西少了，或者东西没有拿稳，掉在地上摔坏了，或者挑了一件残次品当样品等。遇到这些情况是难免的，关键是看主播能否妥当处理。如果主播大惊失色，连忙向观众道歉，或者严厉地批评工作人员，就会将负面情绪传达给观众，从而给观众留下不好的印象。相反，如果在此时进行自嘲，则可以最大限度地减弱意外对直播的影响。

打破常规的说法

在生活中，人们形成了一些固定的想法和习惯。有时候只要一提到前面的句子，就能让人瞬间想起后面的句子。打破常规的说法，就是要对后面的句子进行变化，从而达到意想不到的效果。

例如，"路遥知马力，日久见人心"是一个经典的句子。如果对其稍加改变，变成"路遥知马力，日久见人心叵测"，意思就变得完全不同了。意思变了，听起来也更有趣了。

又比如，"你若安好，便是晴天"是一个流传很广的句子，在这句话后面加上两个字，变成"你若安好，便是晴天霹雳"，意思就完全变了，变成了一句很损人的话。

学会使用押韵手法

例如，金句频出的央视主持人朱广权，就是一个使用押韵的高手，他凭借接连不断的押韵句子，在观众心中留下了深刻的印象。在参加直播带货的过程中，朱广权也发挥了自己的特长，随口就来了一段："豆浆机，宁可四处碰壁，也不要在家里面壁。因为面壁十年，你还是图破壁。所以，破壁机告诉你，道路千万条，敢于突破第一条！如果你喝豆浆，一定要买一台破壁机放在家里。如果你不喝呢，也要买一台摆在那里。每当看到破壁机，你就看到向上的阶梯。"

使用夸张手法

夸张是一种修辞手法，也是幽默高手经常使用的方法。在《吐槽大会》节目中，李诞和池子等人就经常使用夸张的手法。例如，池子吐槽李诞的眼睛小，说他一次只能看一行弹幕，节目播出以后，他要看七八遍才能看完。

使用比喻手法

比喻也是一种修辞方法，使用得当可以起到很好的幽默效果。例如：龙虾大红大火的那一天，也就是它乐极生悲的那一天。

主播实用带货话术示例

在生活中，各个直播间的直播流程是大同小异的，因此各个主播的带货话术也具有相似之处。在这一节中，我们总结了一些常用的带货话术示例，供各位主播参考借鉴。

直播常用的引导话术

1. 自我介绍话术

例如："大家好，欢迎大家来到我的直播间。我的特长在 ×× 领域，平时会为大家带来很多精美实惠的产品，谢谢大家支持！"

2. 欢迎用户话术

例如："欢迎 ××× 进入直播间。咦！这名字有意思 / 套路好深啊！让我想起了某部电影 / 小说 / 游戏里的人物 / 角色。"

3. 邀请关注话术

例如："刚进来的小伙伴，可以点一波关注，关注主播不迷路。"

4. 邀请加入粉丝团话术

例如："在直播间观看的朋友，可以加入我们的粉丝团，在粉丝团里可以领取相应的礼物。"

5. 主题活动话术

例如："这次活动的力度真的很大，千万不要错过，真的，很少会有这么划算的活动，错过真的很可惜。"

6. 直播时间预告

例如："非常感谢直播间里的小哥哥和小姐姐们，我每天的直播时间是 ×点到 × 点，风雨不改。没点关注的记得点关注，点了关注的记得每天准时来玩哦。"

介绍产品的话术

1. 介绍产品功能

例如："我们的这款产品跟市场上的通用版是不一样的，这款是专门定制的，符合 ×× 月宝宝的体形，穿着非常舒适。"

2. 介绍产品价格

例如："我们今天为您准备了 ×× 款产品，现在介绍的这款产品是 ××号，价格是 ×× 元。"

3. 介绍产品质量

例如："我们的产品质量是绝对可靠的，杜绝添加剂，对孩子的皮肤不会产生任何刺激。请放心购买使用。"

4. 介绍产品价值

例如："感谢您的认可。这款确实很受客户喜欢的，这次优惠太难得了，一定抓住机会啊！"

5. 介绍产品售后

例如："感谢参与本次直播活动的所有粉丝，有任何问题，都可以联系我们的客服。"

一些促单的话术思路

1. 样品价

例如："这个产品，我们的仓库中还剩50箱，我们就按照样品的价格处理给您。"

2. 活动价

例如："我们昨天有一场很大的活动，折扣非常大，您怎么昨天没有来？我可以按照折扣的价格给您，因为我们的单子还没有录，我把单子上的时间也写成昨天好不好？"

3. 厂家补贴

例如："厂家补贴呀，享受厂家补贴减 300 元，我们这个真的没利润了。"

4. 满减

例如："满 ×× 元减 ×× 元。"

5. 折扣

例如："这款产品的原价是 ×× 元，打 × 折下来，加上满减和优惠券，现在成交价只要 ×× 元。"

6. 折扣对比

例如："A 产品打 × 折，B 产品打 × 折，如果您的预算充足的话，我还是建议您选择 A 款，因为算下来价格相差并不多。"

7. 赠品

例如："买这款产品，我们还会赠送您一个小礼品，买多少送多少。"

8. 老客户让利

例如："您已经是第二次来我们这边了，一定会有优惠或者直接返点。"

9. 品牌对比

例如："×× 品牌在行业内是非常有名的，高端品牌的产品质量和人文关怀不是小品牌能比的。"

10. 连单送礼

例如："连单送礼，买三样可以送一个很大的微波炉。"

11. 秒杀

例如："现在是两点半，到三点的时候有秒杀活动，只有 5 个名额，一定要抢哟。"

第十一章　吸粉引流，将流量转化为变现力

吸粉和引流是直播营销的重要步骤，有了粉丝和流量，才有变现的可能。在直播过程中，主播需要根据平台的特点，结合自身的实际情况，以及客户的根本需求，做好活动和互动，这样才能更好地迎合客户的心理，从而牢牢地吸引客户，达到锁客的目的。

吸粉引流的必要性

直播的出现给电商带来了更多的发展机会，但是随着参与直播的人数越来越多，平台分配给商家的流量会逐步下降，因此，做电商直播不能单纯地依靠平台的支持。要想做大做强，就必须学会吸粉引流。

目前，电商平台几乎处于饱和状态。最近几年以来，我们听到越来越多的人说做电商不赚钱。为什么会出现这种情况呢？因为电商平台的流量是有限的，而商家越来越多，可以拉流量的位置又太少，很多卖家被逼着付费做推广，营销费用升高，利润当然就变少了。

直播也是同样的道理。现在的直播行业仍处于快速增长期，只要用心维护，各位主播都能收获一定的粉丝。但是，随着主播人数的增多，竞争日趋激烈，要想提升粉丝数量，就要面对营销费用提升的问题。直播平台大多都有站内推广的功能，可以付费获得推荐位，相比之下，个人引流能够为我们节省很多成本。

因此，很多带货主播都积极尝试，在各个社交平台上建立自己的账号，以便吸引更多的粉丝和流量。其中不乏一些头部主播。

直播平台的流量来源

只要是在网上做直播，就一定要学会引流，流量有了，人气和销量自然也就有了。下面以淘宝直播为例，谈谈直播平台的几种流量来源。

首先，电商直播主要是在移动端进行的，观众也大多集中在移动端，以淘宝直播为例，用户可以通过下载淘宝直播 App 观看直播，也可以在手机淘宝客户端观看直播，这是淘宝直播的主要流量来源。

淘宝直播的流量主要分为四种：付费流量、免费流量、活动流量和站外流量。

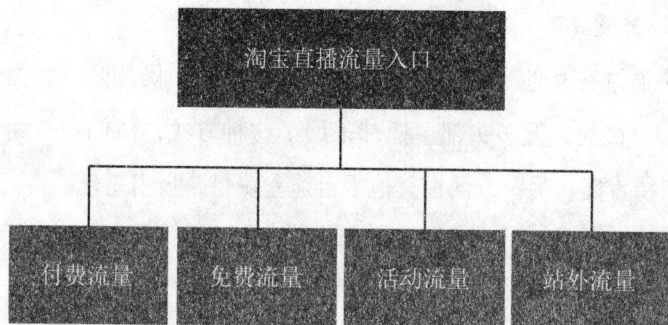

图 11-1　淘宝直播的流量来源

1. 付费流量

付费流量就是指向平台购买流量，例如超级推荐、直通车直播推广等。付费之后，你的直播间就会被平台推荐给更多的用户。因此，付费推广的引流速度是很快的，适合有实力的大中型主播。对于小型主播，则不建议盲目花钱购买付费流量，因为目前直播还处于一个红利期，各大平台对新人主播都有流量扶持，没有必要急着花钱。况且付费推广也不是万能药，如果直播间的各项工作没有规划好，直播的质量不高，即便花钱了，也很难得到什么效果。

2. 免费流量

免费流量主要来自直播间的系统推荐，以及直播间积累的粉丝。粉丝数量庞大，做起直播来就会容易很多，比如，现在的一家家网红店，几乎都是依靠庞大的粉丝人群起步的。当然，最主要的还是直播内容的好坏，只有好的内容，推荐和粉丝才会稳步增长。

3. 活动流量

直播平台经常会做活动，比如淘宝直播每月 26 号的"打榜日"，每月 11 号的"真惠选"活动等。主播和商家可以在直播后台找到这些活动的报名链接。这些活动通常会吸引很多用户前来观看，对于主播而言，这也是一个很好的机会。

4. 站外流量

主要是通过在其他平台上建立账号，吸引粉丝，例如微博、微信、抖音等站外平台。目前，很多头部主播都采用了这种方式，他们一方面积极地在直播平台坚持直播，另一方面在其他平台建立账号，吸引粉丝。

提升公域流量和私域流量

在营销领域，我们经常会听到"公域流量"和"私域流量"这两个词。它们到底是什么意思呢？如何提升直播间的流量呢？很多卖家对此都不理解。

公域流量和私域流量

公域流量，通俗来说就是由平台分配的流量，主播无法直接干预，只能通过提升直播质量等方式，吸引更多的观众，进而提升排名。公域流量可以通过很多形式表现出来，例如淘宝的有好货、爱逛街、类目频道，以及搜索结果的排名等。

相比之下，私域流量是主播可以自己控制的，比如微信公众号、朋友圈等，就是私域流量。

如果主播没有名气，也没有粉丝积累，那么私域流量就会很少，必须争取公域流量。而公域流量又是和浮现权直接相关的，没有了浮现权，主播的流量入口就会变得很狭窄。除了自身的粉丝外，只有一个渠道能获取公域流量，就是通过直播间的预告。有了浮现权以后，预告也要好好做。如果预告没有通过审核，哪怕有浮现权也获取不到公域流量。

直播平台内增加流量的几种方法

在直播平台上，我们可以通过一些方法来提升直播间的流量。下面以淘宝直播为例来进行讲解。

1. 获取直播浮现权

淘宝直播一定要获得浮现权，然后才能被更多的人看到，否则就只能维持很少的观看量。淘宝直播的浮现权是实时开通的，但是需要满足一定的条件，具体内容可以参考第二章中"淘宝直播浮现权和直播排名"一节的内容。获取了浮现权之后，我们的直播就有机会出现在手机淘宝中的淘宝直播频道。淘宝会按照千人千面的原则，将你的直播间推送给潜在的用户。

2. 推送直播信息

将直播信息推送给粉丝，也可以有效提升观看量。具体做法如下。

（1）直播正式开播后，进入直播中控台 https://liveplatform.taobao.com/。

（2）在左侧导航栏中找到"直播管理—我的直播"，点击进入。如图11-2所示。

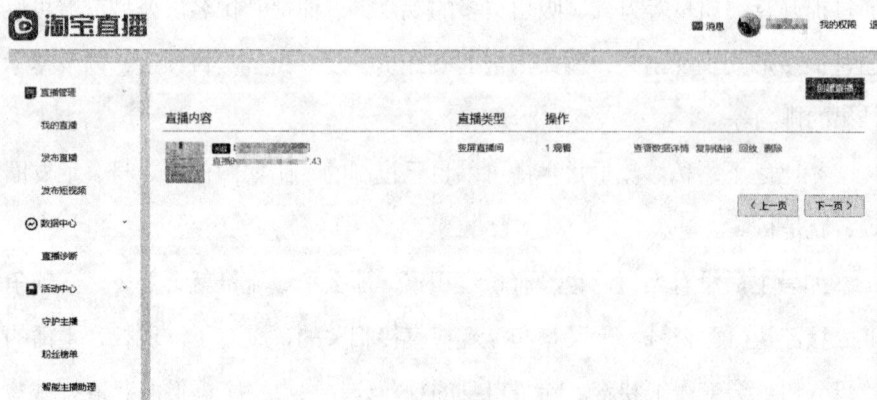

图 11-2　直播中控台

（3）找到对应的直播，点击"粉丝推送"即可。

主播每天都可以推送一条直播信息。需要注意的是，只有订阅了直播预告的粉丝才可以收到信息，因此主播在平时应当多引导粉丝订阅直播预告。

3. 提高直播内容的质量

高质量的直播内容是提升流量的根本，因此主播要多学习如何才能做一场有吸引力的直播。例如，提升主播的专业知识，事先了解产品的特殊卖点、市场行情，等等。

4. 直播切片

设置直播切片，可以把直播分成一小段一小段的内容，观众就可以根据自己的需要，切换到某个产品的讲解片段。此外，一些优秀的直播切片，还有可能出现在搜索结果页中。用户搜索某个关键词，系统就会自动匹配审核通过的看点内容。符合标准的优质看点内容越多，主播就越有机会获得更多的公域流量。

5. 淘宝直播封面

精心设计淘宝直播封面，对于提升淘宝直播流量来说是个很有用的方法。

6. 发放优惠券

发放优惠券是一种简单有效的吸粉方法，很多用户即便对产品不感兴趣，也还是愿意领取优惠券。

7. 直播标签的选择

标签没有选对，就很难吸引到目标消费者，特别是一些刚做直播的商家，如果从一开始就没有选对标签，平台就无法确定其直播领域的属性。所以一定要选择属于自己类目的标签。当然，如果商家参与了淘宝直播的活动，可以优先选择活动标签，会吸引更多的粉丝。

站外引流的获取渠道

站外推广的好处是渠道广泛，吸粉能力较强，但是转化能力比站内推广要差一些。下面介绍几种站外引流的渠道，大家可以参考一下。

1. 导购类网站

导购类网站是专门从事电商推广的。常见的导购类网站有美丽说、蘑菇街、口袋购物、简单网、优惠社等，这些网站的专业性很强，用户精准度很高，是商家推广的好帮手，其中一些网站也开设了自己的直播平台。主播可以同时开设几个直播账号，进行多平台直播。

2. 返利网站

返利网站是一种使用度较高的网站，比较知名的有返利网、返利优惠网、返还网、易购网等，他们大多与电商平台合作，适合有品牌推广需求的客户。

3. 广告联盟

广告联盟是一些大型企业创建的推广工具，例如Google AdSense（谷歌广告）、百度联盟、阿里妈妈、易传媒、悠易互通、MediaV等，这些推广平台面向的人群非常广泛，引流效果很强，但是对成本的要求也很高，因此适合那些资本较为雄厚，同时有一定技术背景的主播使用。

4. 社交网站

社交网站是目前性价比最高的推广方式之一，其中包括微博、百度贴吧、天涯、虎扑、豆瓣等。社交网站拥有庞大的用户群体，并且各类消费群体的流量分别聚集，主播只需要去相应的平台，就可以轻松找到自己需要的流量。不过，在社交网站上做推广需要一定的营销技巧，否则很难提升转化率。

5. 通信软件

除了以上几个渠道以外，我们还可以使用一些通信软件做社群推广，例如QQ群、微信群、微信公众号等。可以建立群组，按照直播产品的类目设置名字，例如"大熊音乐器材分享群"等。

社群经营，增强粉丝变现力

移动互联网时代的到来，改变了人类商业的逻辑，以往人们关注网络巨无霸，如今变成了去中心化，人与人的连接变得更直接、更多元。与此同时，社群文化逐步壮大，利用社群文化进行营销也成了常态。

强大的粉丝经济与社群营销

美国著名的杂志主编凯文·凯利曾经提出了一个"1000 粉丝理论"："保守假设，铁杆粉丝每年会用一天的工资来支持你的工作。这里，'一天的工资'是一个平均值，因为最铁杆的粉丝肯定会远远比这花得更多。再假设这'一天的工资'平均值是 100 美元，如果你有 1000 名粉丝，那么每年就有 10 万美元的收益，减去一些适度的开支，对于大多数人来说，足够过活。"

凯文·凯利的这段话启发了很多营销人士，社群营销就建立在这样一个理论基础上。社群营销的关键就是把一些拥有共同兴趣和需求的人集中在一起，然后对他们进行营销。这里所说的粉丝，是指忠诚度极高的铁杆粉丝，无论你提供了什么产品，他们都愿意买单。例如，一名歌手的铁杆粉丝会不远千里来听演唱会，即使已经买了数字版权，也还是会有粉丝愿意购买 CD，并且让偶像在上面签名，用于珍藏，他们还会在微博上时刻关注偶像的动态，为偶像进行义务宣传。

在直播带货领域，粉丝经济同样适用。决定主播收入的，就是这些铁杆粉丝的数量。铁杆粉丝越多，主播的带货能力就越强。对于主播来说，在直播前，个人 IP 所带来的粉丝基础，有利于促进直播的冷启动。同时在粉丝留存的基础上，还要通过优质内容不断扩大受众群体，进行粉丝的积累。

社群营销的优势

社群营销就是通过平台将顾客聚集在一起，然后将顾客变成粉丝。和传统的营销模式相比，社群营销主要有以下几大优势。

1. 更容易培养铁杆粉丝

顾客加入社群以后，经常会接收到主播和粉丝发送的促销信息，偶尔还会参加社群举办的某些活动。通过长时间地交流，顾客很容易培养出共同爱好。当一个群体中的人都具有共同的兴趣时，对彼此的怀疑就会弱很多，这就更有利于将其培养成铁杆粉丝。

2. 信息传播速度快

社群建立之后，就会变成一个信息传播平台，主播通过该平台向粉丝传递信息，例如发放福利券、红包等。信息在社群中的传播速度很快，因为它服务的对象只有主播和粉丝。相比之下，一些公共平台就没有这么高的效率了，因为公共平台上充斥着太多的信息，粉丝很可能会将主播发送的信息忽略掉。社群营销就不一样了，只要将消息置顶，就可以迅速将信息传递给大多数粉丝。

3. 成本低

建立社群的成本很低，从理论上来说，你可以零成本建立社群。前期有资源可以发展很快，无资源可以创建小规模的社群，例如创建一个微信群或者微博群，就可以将粉丝聚集在一起。当然，为了提升群成员的活跃度，吸引更多的粉丝，定期向群里发放一些优惠券、红包等，也是一个很实用的方法。

4. 社群成员扩散快

运营一个社群，如果效果好，就可以形成裂变效应，粉丝会向自己的亲朋好友推荐，帮你带来更多的粉丝。如果你有一个成功的社群，就可以通过铁杆社员去裂变复制无数个社群，所以你成功的关键是先用心做好一个社群，有了一个高质量的社群，就可以源源不断地带来高质量的粉丝。

5. 转化率高

社群经济自带高转化率，因为加入社群的人中有很多潜在用户。社群里的人之所以能聚在一起，是因为他们有共同的兴趣。社群经济正是基于这个特点，构建一个高频交流互动的人群，然后向他们推销高度吻合的商品，以获得极高销售转化率的一种经济系统。

6. 用户较为稳定

创建了社群之后，还需要进行维护。一般而言，只要用户参加了一两次活动以后，其中一些人就会变成铁杆粉丝。铁杆粉丝的忠诚度极高，他们把主播当作自己可信赖的朋友，具有极高的稳定性。只要主播提供的产品或服务是优质的，他们就不会轻易脱离社群。

社群营销吸引精准流量

很多主播会发现，在平台上直播，有时观看人数达到数千，却无法带来一次转化成交，有时观看人数只有个位数，却仍然有成交订单，这就是精准流量的效果。如果说泛流量可以给我们带来人气和热度的话，那么精准流量给我们带来的则是成交和利润。

在流量决定胜败的今天，有句话说："如果单凭廉价就能占领市场，那么奥拓早就干死奔驰了。"前者吸引的是泛流量，而后者吸引的是精准流量，吸引 100 个泛流量，还不如吸引 1 个精准流量。而社群营销就是一种吸引精准流量的好工具。社群营销能够为主播吸引大批潜在用户，同时筛选出资深用户和铁粉，这些人能够有效提升直播的转化率。在每次直播开启之前，主播可以在群里发出消息，将直播时间和产品、优惠信息、活动信息等告知用户，提醒群成员观看。经过长期运营，就可以将转化率稳定下来了。

粉丝社群的运营和维护

社群的建立只是第一步，更重要的是社群的运营和维护。一个成熟的社群，就像一个蓄水池，能够不断吸收新粉，转化为铁杆粉丝。

直播社群的运营原则

直播社群是一个为人们提供互动的场所，它也属于粉丝群体的一种，也需要遵循一定的生存原则。通常而言，一个好的社群需要具备以下六种特征。

1. 成员之间的关系融洽

社群的质量依赖于用户之间的关系，成员之间的关系是否融洽，直接影响到社群转化率的高低。假如群成员之间关系不好，天天吵架，那么社群就无法运行下去，粉丝也会——流失，转化率就不可能高。

2. 具有完备的组织结构

社群需要建立一套完备的组织结构，才能够平稳地运行下去。社群工作最重要的是要建立粉丝组织系统及利益分配机制，完善群内的各种规章制度，做到标准化、流程化、可复制。

3. 认可统一的亚文化

亚文化又称小文化、集体文化或副文化，就是一种集体认可的价值观，例如城市文化、乡村文化、汉服文化等。亚文化是社群驱动的核心力量。如果群成员普遍认可一种亚文化，就有了一种存在感和归宿感，就很容易做推广。

4. 持续做内容输出

要维护社群，主播必须坚持定期直播，否则长时间不联系，社群就没有办法维系下去。围绕产品和项目来进行内容的输出，则可以强化相互的利益并产生协同效应。

5. 成员之间保持互动

很多群的转化率之所以不高，其中一个很重要的原因就是没有激活群成员，没有人聊天，大家慢慢变成了潜水党。通常，一个群里的潜水党比例超过 50% 就已经不太妙了。

6. 持续转化和裂变

有了一批忠诚度高的粉丝，就可以把他们当作种子用户，进行快速的复制和裂变，最后通过流量的沉淀和运营，实现更大的销售转化。

明确社群的定位

在创建社群之前，必须对社群进行定位，其中最关键的是对用户进行定位。很多人在创建社群的时候，只是一时兴起，并没有做过多的考虑，这样的社群运营起来是非常吃力的，效果也很难保证。一个优质的社群，在社群建立时定位往往非常清晰，因为这样才能更精准地进行社群营销。例如，主播带货的产品大多是美妆、零食等，那么主播就可以将重心放在年轻女性身上，在运营时重点针对这一群体。

拉新人

一个新的社群创建之后，接下来要做的就是拉新人了，不管是否认识，只要是潜在用户，统统都可以拉到新人群里。社群的本质是基于共同目的、共同兴趣创立的一个场景需求，关键指标应该是将那些有需求的人集中在一起，并且建立联系，哪怕前期成员只是个位数。

社群营销的方式并不是固定不变的。一个主播可以建立多个社群。根据粉丝的特点，社群可以分为新人群和老粉群。其中，新人群的主要任务是拉新、体验服务、促进转化，而老粉群的主要任务是留存粉丝、提升复购率。

　• 拉新　　　　• 留存粉丝

　• 体验服务　　• 提升复购率

　• 促进转化

图 11-3　新人群和老粉群

约定社群规矩

社群建立之后，必须制定一些规矩，以对成员起到约束作用，这样社群才能始终保持和谐的状态。而一个和谐相处的社群，是留住大多数成员的前提。另外，社群人员的工作分配也一定要做好，找出几个业余时间充裕的人当管理员，让他们能够把精力投入社群运营当中，对群里发生的状况第一时间进行响应，以保证用户的群内体验。

主播可以选择一些影响力较大的意见领袖，或者拥有更多专业知识也更了解偶像的人担任管理员，他们在社群中的位置较高，对社群的影响力也比较大，因此更容易管理社群。

多种方法激活粉丝活跃度

在如今这个时代，商业竞争日趋激烈，主播之间的竞争也是如此，主播的拉新成本越来越高，但是留存率却很低。很多粉丝在领取红包之后就彻底陷入沉寂，使得主播的努力白费。那么，有什么办法能让粉丝活跃起来呢？主要有以下方法。

提升粉丝的活跃度

1. 提升专业水平

主播的个人能力，往往决定了粉丝的活跃程度。主播的个人能力包括：良好的沟通能力、适当的肢体语言、对产品的了解、掌握消费者的心理、直播的创意、把握互动的节奏、完美的形象和包装、坚持不懈的恒心等。

不难发现，具备这些能力的主播，往往能够对直播得心应手，进而获得观众的认可。例如，一名美妆博主需要提高自己的审美品位和专业能力，持续不断地为粉丝提供美妆教程、护肤测评等有价值的内容，同时能够抓住消费者的心理，找到市场上最受关注的爆品，并且给出优惠价格，这样的主播很难不成为头部主播。

2. 保持频繁更新

主播需要制定一个直播时间表，并且尽量将直播的时间固定下来，让粉丝们到了某个时间，就知道主播要开播了。这样做可以获得更好的播放量，同时提升平台对你的好感，愿意给你增加更多的曝光度。

3. 利益提醒

一些小恩小惠，可以帮助主播轻松俘获很多粉丝；而定期做优惠活动，可以让粉丝养成定期看直播的习惯，毕竟占便宜心理是大多数人都有的。利益提醒可以有多种方法，例如，不定期提供抽奖、特惠、礼物赠送等粉丝专属福利。在粉丝的社群里面，也可以发放一些红包，无论红包大小，都可以"炸"出一群人来，这个时候再互动一波，就能吸引很多粉丝发言。一些大主播还会专门开办粉丝福利日，只要参与直播互动，就有机会赢取奖品。可见，利益驱动是提高粉丝活跃度的重要手段。

4. 保持互动

粉丝是渴望对话的，而直播的一个优势就是可以实时互动，因此不要放过与粉丝互动的机会。除了日常分享、及时回复、为粉丝答疑解惑这些常见的互动以外，主播也可以增加其他互动方式。例如，大方地请求粉丝帮助，或者向粉丝提问；支持粉丝投稿，让其共同参与作品创作；还可进行答题、测试、签到等互动。

5. 线下聚会

互动形式不局限于线上，线下也可以进行互动，例如举办一次活动，或者邀请几位粉丝吃饭等。这些活动发布到网上之后，又可以作为一次事件营销。

激活粉丝还可以从精神方面进行。

6. 用价值观赢得粉丝的尊重

价值观属于个人 IP 的一部分，是主播在追求成功的过程中所推崇的基本信念和奉行的目标。利益可以打动人心，而价值观可以赢得人心。在直播的过程中，始终坚持一种价值观，可以为你赢得一些铁粉。为了避免走入歧途，主播应当坚持正面、积极的价值观，同时还要站在用户的角度，用他们的语言说话。

7. 学会调动粉丝的情绪

美国知名营销公司 Act-On 在一份报告中指出，有几种情绪容易促使观众进行互动，分别是敬畏、愤怒、兴奋、愉悦、同情、悲伤和惊讶。

如今，市场营销越来越重视引导和利用顾客的情绪了。每一家大企业、大品牌的后面，都不乏数量众多的狂热粉丝，他们准确地把握住了消费者的情绪，吸引了大批忠实的顾客。

我们在朋友圈中看到的朋友发送的动态，大多数都与这些情绪有关，其中不乏一些名人语录、幽默段子、温馨故事等，这些内容都很容易调动起人们的情绪，促使人们进行互动。所以，在规划直播内容时，主播不妨思考一下是否能让你的内容"情绪化"。

第十二章　直播复盘，借助数据调整工作规划

有人说，直播只是开始，复盘更加重要。一场直播结束之后，主播还需要进行各项复盘工作，以便发现当前工作中存在的各种问题，并且予以改进。一般而言，复盘时需要梳理直播时间、观看量、互动量、下单率、订单总额等内容，通过数据对比，帮助主播做到心中有数。

复盘也是直播的一部分

当摄像头关闭的那一刻，直播工作仍未结束，主播还有更多的工作需要完成，其中就包括复盘工作。

为什么要直播复盘

所谓复盘，就是在直播结束后，对当天的直播活动进行回顾和总结，从中发现问题，并据此调整操作方法，修改计划和目标。回顾当天的直播是非常重要的，它可以让我们清楚地认识到直播的效果，给直播打分，只有这样才能看到进步的方向。

1. 纠正直播中的错误

直播是一件需要在实践中检验的事情，理论只能起到方向性的指导作用，但是对于直播过程中存在的一些小细节，我们只能通过实践进行检验。在复盘的过程中，我们可以仔细研究每一个细节，看看观众对这些细节的反应是什么样的，是否有改进的空间。如果发现错误的地方，可以记录下来，等到事后进行改正和优化，这样可以让每次直播都比上一次有进步。

2. 优化工作流程

我们知道，大多数工作都是需要建立一套行之有效的流程的，直播也不例外。在直播开始之前，我们可以设定一套流程，并且按照这套流程去做。但是这套流程并不是唯一的，每个直播间可能都有自己的流程，我们可以不断摸索最适合自己的方式，并且学习一些技巧和套路，让直播间的工作流程更优化，这样能起到事半功倍的作用。

直播复盘的五个步骤

直播复盘可以按照以下几个步骤进行。

1. 目标回顾

首先，我们需要回到直播之前，对整个直播的思路进行回顾：我们直播的初衷是什么？最初搭建账号时，是要直播带货，抑或进行品牌宣传？围绕自己的目标回顾、分析。假设自己是一名用户，点进这个直播间，站在一个粉丝的角度看这场直播，你会更理解用户的感受，并发现其中的问题。

设定直播目标不是一件容易的事，特别是新人主播，由于没有参考条件，很难设定合适的目标。最好的方法是通过观察同行的数据，对比同行和自身的条件，来设定初始的目标。我们可以使用一些第三方数据工具，例如蝉妈妈、知瓜数据等，查询一些主播的数据，看看他们每天的涨粉是多少，商品点击数是多少，订单数是多少，等等，把这些可以量化的数据归总在一起，加上自己预期的数据，生成本场直播的预定目标。

2. 数据分析

查找直播中的各项数据，对比之前设立的目标，看看直播是否达到了预期。如果没有达到预期，要找出原因是什么，以便知道需要在哪些方面做功课。

刚开始直播的时候，不必把每天的数据变化看得太重，一时的数据说明不了什么，可能只是数据的正常波动，也可能是平台的算法发生了变化，这些都会影响你的直播间数据。最好的方法是连续直播一段时间之后，把每天的数据都记录下来，再进行数据分析。

3. 结果评估

根据数据分析的结果，给自己的直播打一个分数，以便确定自己对直播结果是否满意。打分的目的是让你和你的团队对整场直播有一个认知，因为一场直播下来，有得有失，打分可以让你明确知道是优点多还是错误更多。而且，每次直播的分数都可以作为下一次的参考，有比较才有进步。

结果评估应当从两方面进行。一方面要挑毛病，找出本场直播中存在的问题，并给出解决方案。如果有失误的地方，一定要画重点，切忌再出现。另一方面也要善于发现直播中的优点，目的是加深记忆，在之后的直播中继续保持这样的做法。

4. 复盘记录

复盘之后，还要将最终的结果记录下来，保存在专门的文件夹中，以便可以随时翻阅。

在复盘记录中，应当有团队合作评估、商品数据、访客活跃数据、预期目标和达成目标的对比，以及问题和解决方法等。

如果想做得更加细致一点，还可以收集观众的反馈信息，例如直播间的评论、私信，微博上的留言等。这些内容可以单独放入一个板块，将观众反馈最多的问题截图保存下来。

熟练使用软件，获取直播数据

　　获取直播数据的操作并不难，借助各种数据软件，我们可以轻松地看到各项有用的数据。在数据查询方面，各大直播平台大多设置了查询入口，登录之后就可以查询每场直播的数据。

淘宝直播

1. 电脑端

　　（1）登录淘宝直播中控台 https://liveplatform.taobao.com/live/live_detail.htm。如图 12-1 所示。

　　（2）点击"直播—我的直播"，即可发现直播列表。如图 12-1 所示。

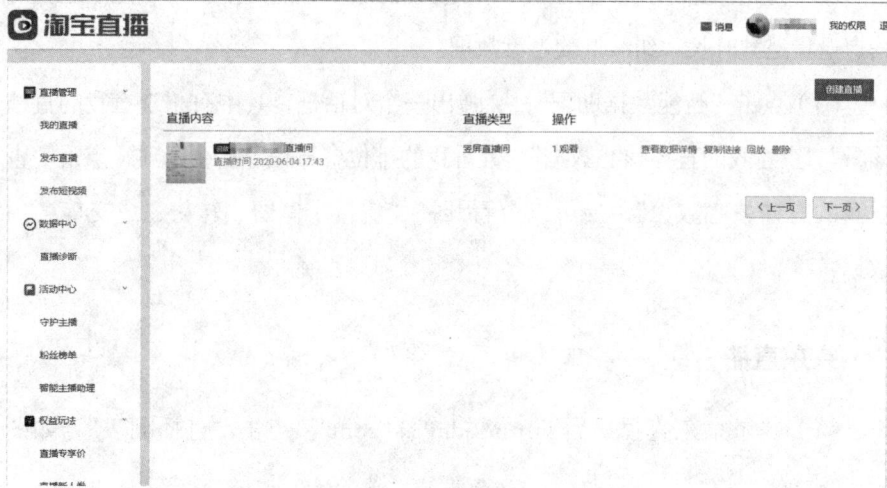

图 12-1　淘宝直播中控台

（3）点击"查看数据详情"，即可查看单场直播的数据。如图 12-2 所示。

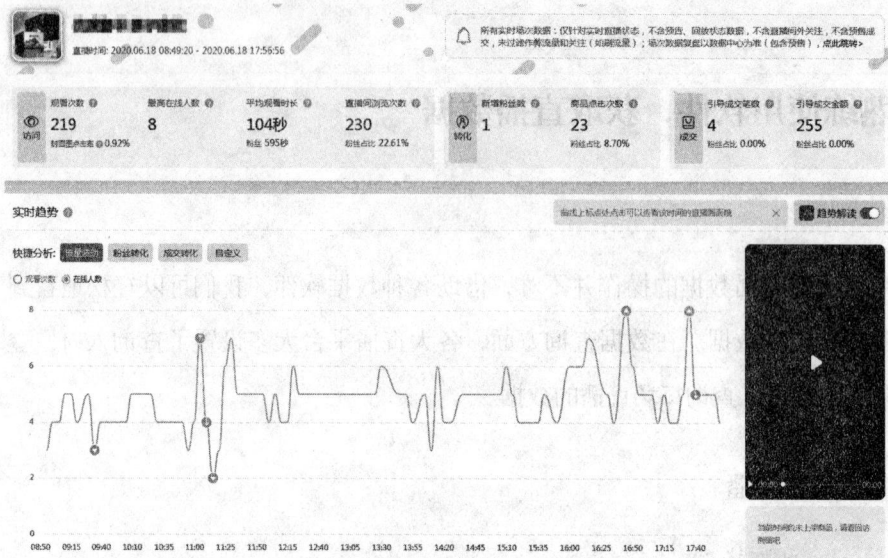

图 12-2　淘宝直播单场数据

2. 手机端

（1）打开淘宝直播 App，进入首页。

（2）点击"直播间品质分"，即可查看优品率、准时揽收率、完成退款时长、退货退款时长、纠纷退款量等数据。

（3）点击"智能数据助理"，会弹出一个对话框，其中有"查看我的直播诊断""查看我的直播核心数据""查看我的排位赛日程"三个选项，点击"查看我的直播核心数据"，便可以查看开播、流量、停留、转粉、成交等各项数据。

京东直播

（1）登录京东直播后台 https://jdlive.jd.com/，点击"直播列表"。如图12-3 所示。

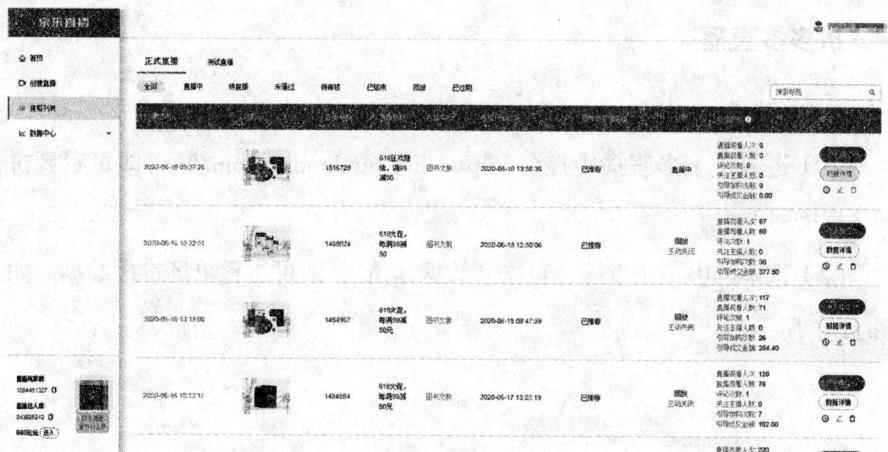

图 12-3　京东直播列表

（2）选择其中任意一场直播，点击"数据详情"，即可查看直播数据。

（3）点击"数据中心—核心总览"，即可查看近 30 天或近 7 天的数据统计。如图 12-4 所示。

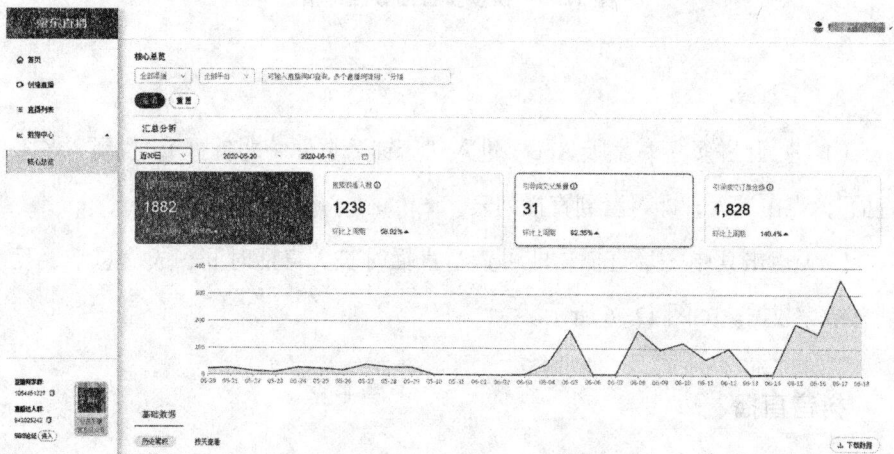

图 12-4　数据核心总览

拼多多直播

1. 电脑端

（1）进入拼多多直播中控台 https://live.pinduoduo.com/list，即可看到拼多多直播列表。

（2）选中其中一场直播，点击"数据详情"，即可查看单场直播数据。如图 12-5 所示。

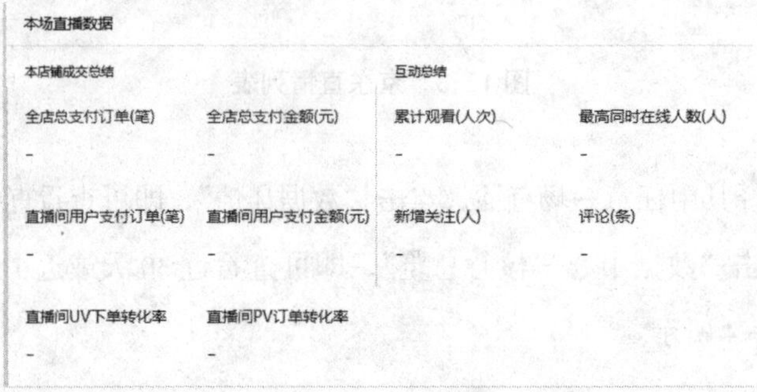

图 12-5　拼多多直播数据详情

2. 手机端

（1）打开拼多多商家版 App，进入"店铺"页面（即首页），找到"多多直播"，点击进入，即可看到直播列表。

（2）点击其中一场直播，即可查看直播时长、直播时间、成交总结、互动总结等数据。如图 12-6 所示。

抖音直播

（1）打开抖音 App，进入"我"，点击画面右上角的"三条横"图标。

（2）在弹出的页面中，找到"创作者服务中心"并点击。

（3）在"创作者"页面中，即可看到"我的直播""今日直播数据"等内容。如图 12-7 所示。

图 12-6　直播详情

图 12-7　创作者服务中心

（4）点击"主播中心"，可查看不同时间段的直播数据，包括收获音浪、观众总数、新增粉丝、付费人数等。

快手直播

（1）在电脑上登录快手创作者服务平台 https://cp.kuaishou.com/profile。

（2）输入手机号和验证信息登录，或者用快手 App 的"扫一扫"功能，扫描电脑屏幕上的二维码，完成账号登录。

（3）在网页左侧导航栏中，找到"统计—直播分析"，并点击。

（4）可查看"近 7 日直播数据"，以及"直播数据趋势""直播数据明细"等，了解直播互动数据及收入情况。

几款常见的第三方数据软件

除了平台方自带的数据工具以外，我们还可以利用一些第三方工具进行查询。使用第三方工具的好处是可以查询其他主播的数据，以及最近卖得最火的几款产品及其佣金比例等。

1. 萤火数据

萤火数据是一款专门为淘宝直播服务的数据分析平台，可以用来查询实时数据、大盘数据、暴涨榜单、排名查询等。登录时，需要用微信搜索并关注"萤火数据"公众号，然后点击"进入公众号—萤火数据—首页推荐"。实时数据查询是萤火数据的一项特别功能，您可以输入主播的昵称，查看主播的实时直播数据。如图12-8所示。

图12-8 萤火实时数据查询

2. 知瓜数据

知瓜数据是一款数据分析监测云平台，可以对淘宝直播进行转化量分析、粉丝互动分析、粉丝画像分析等，也提供了播主销量榜、爆款商品榜、MCN排行榜等各类电商直播的相关榜单。

图 12-9 知瓜数据

3. 飞瓜数据

飞瓜数据可以为短视频和直播电商提供数据分析服务，并且设有抖音版、快手版、B 站版等，用户可以根据自己的实际情况选择相应的服务。如图12-10 所示。

图 12-10 飞瓜数据

4. 优大人

优大人直播数据软件可以用来同时观测直播行业数据及个人主播的数据，同时还能为主播提供专业的运营辅导服务。如图 12-11 所示。

图 12-11　优大人

5. 蝉妈妈

在蝉妈妈上可以查看开播时间、人气峰值、礼物收入、商品数、销售额、销量等数据。如图 12-12 所示。

图 12-12　蝉妈妈

调整直播工作规划

直播带货是一项长期工作，其间必然会经历各种挫折，重要的是及时发现错误，并且调整规划。

主播如何衡量直播是否成功？

要想衡量一场直播是否成功，我们可以从以下三个方面进行。

1. 内容策划

内容策划是直播活动的行动纲领，任何一场直播都应该有切实可行的策划。评价直播效果，也应当首先从内容策划入手。内容策划主要包括前期准备、产品展示、互动环节等，每一阶段的措辞，都需要有计划地进行策划。在前期策划阶段，不仅需要考虑直播现场的一般流程，还要考虑突发状况的应对计划，以免直播发生中断。

2. 粉丝互动

和短视频相比，直播最大的特点就是互动，观众借助互动功能不仅可以参与到直播活动中，还可以影响到其他观众甚至整个直播的进行。这也是直播面临的最大的挑战，主播需要一边带货，一边保持娱乐性。直播的互动性可以通过两个层面体现出来。一是直播间的互动。主播要尽最大可能去营造热闹的气氛，要尽可能回复网友的问题，不要有所遗漏，对重复提出的问题也要尽快回答。二是在社群内的互动，包括微信群、微博、论坛等。高频次的互动能提升粉丝黏性，为后期用户运营做铺垫。主播还可以策划一些有趣的话题，在前期宣传中就显示出来，从而吸引用户参与其中。

3. 转化率

无论有多少种评价方式，评价直播的最终指标一定是转化率，一些头部主播的转化率甚至可以高达 20%，这意味着进来 100 个人就有 20 个订单，10 万个人就有 2 万单。事实上，在购物过程中，有很大一部分人是冲动购买，他们的购买欲望多来自情感而不是理智，而直播对观众的刺激效果非常强。观众只有充分了解产品并认同产品才可能有强烈的购买欲望，直播中产品的展示是全面而可信的，因此观众更容易做出购买行为。

电商工作规划的四个关键点

电商也是直播带货的重要参与者，在评估直播效果之后，也需要对自己的工作规划进行调整。那么，电商如何做才能让直播更靠谱呢？

商家在选择主播的时候，往往是成本优先，也就是根据自己的预算，去选择对应的主播。这种做法是比较现实的，也是可行性比较高的，但是在具体实施的过程中，还有许多可以改进的地方。

1. 提前了解主播的预告

为了提升直播效果，主播通常都会发布预告信息，让用户提前了解。关注这些信息，商家可以清楚地知道直播的主题和内容，以便更好地了解主播是否符合需求。

有时，主播会在预告中写上接下来要做的活动，活动期间，主播的报酬更高，但是流量也会更大，商家可以根据自己的预算和曝光需求，做出相应的选择。

2. 关注营销日历

做直播营销，必须关注时间点。在一些热门时间段，观看直播的用户会更多，会带来更多的流量，但是同时主播也会扎堆直播，导致流量被分散。大主播拥有更多的曝光机会，而中小主播的流量可能减少。

3. 关注主播的活跃时间

每个主播都有自己的时间档，有人选择在白天直播，有人选择在晚上直播，还有的人在夜里直播。最好选择热门的时间。主播的活跃时间很容易查到，但是每个时间段的效果，需要商家亲自考察。

4. 避开用户的疲软期

用户也有活跃时间，他们不可能天天追直播，所以直播间的流量一定会出现波动。比如一个主播每天都直播，而且经常做活动，那么他的粉丝一定是被过度消费的，根据用户的资金来源，可得出下单率的波动情况。例如，上班族最容易下单的时间，可能是每个月的 10～15 号，这是很多公司发工资的时间，在这个时间段做直播，效果可能会更好。

互联网直播服务管理规定

第一条　为加强对互联网直播服务的管理，保护公民、法人和其他组织的合法权益，维护国家安全和公共利益，根据《全国人民代表大会常务委员会关于加强网络信息保护的决定》《国务院关于授权国家互联网信息办公室负责互联网信息内容管理工作的通知》《互联网信息服务管理办法》和《互联网新闻信息服务管理规定》，制定本规定。

第二条　在中华人民共和国境内提供、使用互联网直播服务，应当遵守本规定。

本规定所称互联网直播，是指基于互联网，以视频、音频、图文等形式向公众持续发布实时信息的活动；本规定所称互联网直播服务提供者，是指提供互联网直播平台服务的主体；本规定所称互联网直播服务使用者，包括互联网直播发布者和用户。

第三条　提供互联网直播服务，应当遵守法律法规，坚持正确导向，大力弘扬社会主义核心价值观，培育积极健康、向上向善的网络文化，维护良好网络生态，维护国家利益和公共利益，为广大网民特别是青少年成长营造风清气正的网络空间。

第四条　国家互联网信息办公室负责全国互联网直播服务信息内容的监

督管理执法工作。地方互联网信息办公室依据职责负责本行政区域内的互联网直播服务信息内容的监督管理执法工作。国务院相关管理部门依据职责对互联网直播服务实施相应监督管理。

各级互联网信息办公室应当建立日常监督检查和定期检查相结合的监督管理制度，指导督促互联网直播服务提供者依据法律法规和服务协议规范互联网直播服务行为。

第五条　互联网直播服务提供者提供互联网新闻信息服务的，应当依法取得互联网新闻信息服务资质，并在许可范围内开展互联网新闻信息服务。

开展互联网新闻信息服务的互联网直播发布者，应当依法取得互联网新闻信息服务资质并在许可范围内提供服务。

第六条　通过网络表演、网络视听节目等提供互联网直播服务的，还应当依法取得法律法规规定的相关资质。

第七条　互联网直播服务提供者应当落实主体责任，配备与服务规模相适应的专业人员，健全信息审核、信息安全管理、值班巡查、应急处置、技术保障等制度。提供互联网新闻信息直播服务的，应当设立总编辑。

互联网直播服务提供者应当建立直播内容审核平台，根据互联网直播的内容类别、用户规模等实施分级分类管理，对图文、视频、音频等直播内容加注或播报平台标识信息，对互联网新闻信息直播及其互动内容实施先审后发管理。

第八条　互联网直播服务提供者应当具备与其服务相适应的技术条件，应当具备即时阻断互联网直播的技术能力，技术方案应符合国家相关标准。

第九条　互联网直播服务提供者以及互联网直播服务使用者不得利用互联网直播服务从事危害国家安全、破坏社会稳定、扰乱社会秩序、侵犯他人合法权益、传播淫秽色情等法律法规禁止的活动，不得利用互联网直播服务制作、复制、发布、传播法律法规禁止的信息内容。

第十条　互联网直播发布者发布新闻信息，应当真实准确、客观公正。

转载新闻信息应当完整准确，不得歪曲新闻信息内容，并在显著位置注明来源，保证新闻信息来源可追溯。

第十一条 互联网直播服务提供者应当加强对评论、弹幕等直播互动环节的实时管理，配备相应管理人员。

互联网直播发布者在进行直播时，应当提供符合法律法规要求的直播内容，自觉维护直播活动秩序。

用户在参与直播互动时，应当遵守法律法规，文明互动，理性表达。

第十二条 互联网直播服务提供者应当按照"后台实名、前台自愿"的原则，对互联网直播用户进行基于移动电话号码等方式的真实身份信息认证，对互联网直播发布者进行基于身份证件、营业执照、组织机构代码证等的认证登记。互联网直播服务提供者应当对互联网直播发布者的真实身份信息进行审核，向所在地省、自治区、直辖市互联网信息办公室分类备案，并在相关执法部门依法查询时予以提供。

互联网直播服务提供者应当保护互联网直播服务使用者身份信息和隐私，不得泄露、篡改、毁损，不得出售或者非法向他人提供。

第十三条 互联网直播服务提供者应当与互联网直播服务使用者签订服务协议，明确双方权利义务，要求其承诺遵守法律法规和平台公约。

互联网直播服务协议和平台公约的必备条款由互联网直播服务提供者所在地省、自治区、直辖市互联网信息办公室指导制定。

第十四条 互联网直播服务提供者应当对违反法律法规和服务协议的互联网直播服务使用者，视情采取警示、暂停发布、关闭账号等处置措施，及时消除违法违规直播信息内容，保存记录并向有关主管部门报告。

第十五条 互联网直播服务提供者应当建立互联网直播发布者信用等级管理体系，提供与信用等级挂钩的管理和服务。

互联网直播服务提供者应当建立黑名单管理制度，对纳入黑名单的互联网直播服务使用者禁止重新注册账号，并及时向所在地省、自治区、直辖市互联网信息办公室报告。

省、自治区、直辖市互联网信息办公室应当建立黑名单通报制度，并向国家互联网信息办公室报告。

第十六条　互联网直播服务提供者应当记录互联网直播服务使用者发布内容和日志信息，保存六十日。

互联网直播服务提供者应当配合有关部门依法进行的监督检查，并提供必要的文件、资料和数据。

第十七条　互联网直播服务提供者和互联网直播发布者未经许可或者超出许可范围提供互联网新闻信息服务的，由国家和省、自治区、直辖市互联网信息办公室依据《互联网新闻信息服务管理规定》予以处罚。

对于违反本规定的其他违法行为，由国家和地方互联网信息办公室依据职责，依法予以处罚；构成犯罪的，依法追究刑事责任。通过网络表演、网络视听节目等提供网络直播服务，违反有关法律法规的，由相关部门依法予以处罚。

第十八条　鼓励支持相关行业组织制定行业公约，加强行业自律，建立健全行业信用评价体系和服务评议制度，促进行业规范发展。

第十九条　互联网直播服务提供者应当自觉接受社会监督，健全社会投诉举报渠道，设置便捷的投诉举报入口，及时处理公众投诉举报。

第二十条　本规定自2016年12月1日起施行。